历史圈

可以触摸的往事

希腊故事

LISHIQUAN ★ XILA GUSHI

韩真真 李秋实 编著

山西出版传媒集团 山西教育出版社

图书在版编目（C I P）数据

希腊故事/韩真真，李秋实编著. —太原：山西教育出版社，2015.9（2017.1 重印）
（历史圈）
ISBN 978-7-5440-7664-7

Ⅰ. ①希… Ⅱ. ①韩… ②李… Ⅲ. ①希腊-历史-通俗读物
Ⅳ. ①K545.09

中国版本图书馆 CIP 数据核字（2015）第 113421 号

历史圈·希腊故事

LISHI QUAN · XILA GUSHI

出 版 人：雷俊林
责任编辑：崔 璨
复 审：刘晓露
终 审：郭志强
装帧设计：薛 菲 陈 晓
印装监制：贾永胜

出版发行：山西出版传媒集团·山西教育出版社
（太原市水西门街馒头巷 7 号 电话：0351-4035711 4729801 邮编：030002）
印 装：山西新华印业有限公司

开 本：890×1240 1/32
印 张：7.5
字 数：171 千字
版 次：2015 年 9 月第 1 版 2017 年 1 月山西第 2 次印刷
印 数：3 001—6 000 册
书 号：ISBN 978-7-5440-7664-7
定 价：19.00 元

前言：

了解希腊，请翻开这本书……

如果要追溯西方文明的源头，希腊文明是不得不提到的。“言必称希腊”，可以说希腊文明是开启西方文明的一把关键钥匙。德国哲学家黑格尔说过：“一提到希腊这个名字，在有教养的欧洲人心中，尤其在我们德国人的心中，自然会引起一种家园之感。”黑格尔的这句话足以说明希腊文明对欧洲非同一般的影响力。

希腊文明留下的文化遗产，至今还令世人享用不尽，例如古代希腊丰富多彩的神话传说、荡气回肠的英雄史诗、极富哲理的悲喜戏剧、富丽堂皇的建筑雕刻、象征和平的奥林匹克运动会、杰出思想家和文学家的思想和作品，等等。

面对如此璀璨的希腊文化，我们后人只能仰望与感叹，在那个遥远的时代，希腊人凭借他们智慧的双手和头脑，创造出了一项又一项伟大的文明。在本书中，作者通过翔实有趣的文字，将带领读者一一领略希腊文明的辉煌。

在爱琴海的波涛下，可以看到希腊神话传说中那些有着丰富情感的诸神，看到希腊文明的起源——克里特文明和迈锡尼文明是如何崛起的。

在盲诗人荷马的史诗中，可以看到特洛伊战争的始末，看到这场大战是如何牵动人心，数以万计的希腊士兵是如何为了荣誉而拼死奋战的。

在古希腊三大悲剧家的笔下，可以看到希腊人所创作的悲剧是如何在让人潸然泪下的同时，带给人们以深思和反省的。

在雅典的热闹的广场上，可以看到改革家梭伦是如何带领雅典走上富强之路，而改革后的雅典又是如何从希腊的霸主之位沦落到最后的二等城邦的。

在斯巴达的数百勇士带领下，可以看到斯巴达是如何继雅典之后，成为希腊的新霸主，而崇尚武力的斯巴达又是如何一步一步走向衰败的。

在希腊文明的发展后期，可以看到马其顿是如何“鸠占鹊巢”，统治整个希腊城邦，而希腊人为了自由，又是如何顽强不息地反抗的。

希腊那么多的英雄故事，那么多的精彩往事，都在本书中一一呈现。尽管古代希腊已经在历史的洪流中消失不见了，但其留下的财富却在时间的河流中，显得愈加弥足珍贵，让后人倍加珍惜。

目录

一、古希腊神话传说

在古希腊文明中，无论是宗教、艺术，还是文学、历史，神灵的形象总是无处不在，可谓离开了这些神，古希腊文明的魅力就降低了一大半。据说古希腊的众神居住在希腊半岛北部的奥林匹斯山上，他们除了拥有神力以及能够永葆青春之外，其他均与普通人没有差别。他们之间也会发生矛盾，也有诸多战争，能爱能恨，与人同在。于是在神与神之间，神与人之间，就有了许多神话故事和英雄传说。

（一）

奥林匹斯山上的众神

传说大地之母盖亚在生天神乌拉诺斯之前，宇宙还处于一片混沌之中。而乌拉诺斯出生之后，就成为了主宰世界的神灵。后来，乌拉诺斯又与自己的母亲盖亚共同生养了十二个孩子，六男六女，也就是十二位泰坦巨神，日月星辰、天地海洋等都由这十二个子女掌管。可是，乌拉诺斯担心自己的权力会被子女掠夺，于是就将他们关押在了地底下。乌拉诺斯的行为让盖亚非常气愤，于是盖亚帮助她最小的儿子克罗诺斯逃了出来，并且将其他的十一个子女也都释放了。重见天日的克罗诺斯联合他的兄弟姐妹杀死了父亲，并由克罗诺斯继承了父亲的神位。乌拉诺斯和克罗诺斯这两代神明就是古希腊神话中所指的“老神”。

克罗诺斯在杀死父亲之后又与他的姐姐瑞亚结合，并且生下了六个孩子，三男三女。克罗诺斯担心父亲的悲剧会发生在自己身上，于是就将自己的五个孩子全部吞到肚子里去了。瑞亚眼看着自己的孩子一个个都葬送了性命，当她生下第六子宙斯时，为了让孩子存活下去，就用布包着一块石头交给了克罗诺斯，并声称这就是他刚刚出生的儿子。克罗诺斯将石头吞了下去，以为绝了后患。在母亲的保护下，幸存下来的宙斯后来拥有了巨大的神力。一次，他偷偷地在父亲的酒杯中下了毒，喝下毒酒的克罗诺斯在毒性的作用下将他吞进肚子里的孩子都吐了出来。在兄弟姐妹的共同反抗之下，宙斯取代了父亲的位置，成为了新的众神之王。此后，宙斯与姐姐赫拉结合，成为奥林匹斯山上神灵的领袖。宙斯一代的神也被称为“新神”。

众神之王宙斯的权力至高无上，掌管天地万物，他拥有霹雳闪电之武器，其威力势不可当。不过，宙斯除了是众神之王外，还是个风流之神，无论是神仙还是凡间的女子，只要相貌美丽，就都能吸引宙斯。正因为如此，宙斯在天上和人间拥有众多的子女，他的这些子女也都各自具有不同的神力。然而，丈夫宙斯的风流多情，却给妻子赫拉带来了极大的心理压力，在古希腊的神话传说中，赫拉基本上都是在忙着铲除受宙斯青睐的女子。赫拉与宙斯一样具有风雨雷电的威力，她也是婚姻的保护女神，尤其是要保护婚姻中的女方。可是讽刺的是，赫拉连自己的婚姻都无法掌控。

虽然赫拉不停地在对付宙斯的情妇，但也不是每次都能得手。泰坦女神勒托在与宙斯交欢之后，就怀上了孩子，在她即将临盆之际，为了不让她生产，赫拉命令大地不得给她留有生产的地方。不过，宙斯得知后命令大海隆起一个岛屿，以便勒托生产。在这个叫德罗斯的岛上，勒托生下了一对双胞胎，分别是太阳神阿波罗和月亮女神阿尔忒弥斯。

阿波罗主宰着世间的光明，他要听从宙斯的指令，每日驾着天马所拉的神车在天空中飞驰，以此为世间带来温暖和光明。阿波罗的妹妹阿尔忒弥斯生来美丽，她担当月亮女神的同时也是狩猎女神。可是，每当阿尔忒弥斯爱上一个男人之后，阿波罗都会将他们拆散。一次，阿尔忒弥斯痴迷地恋上了一个男子，阿波罗为了拆散他们，就利用了自己的妹妹视力差的弱点，阿波罗指向远处的一个人影说，那是野兽，于是阿尔忒弥斯就将那个影子射杀了，之后才知道她亲手杀死了自己心爱之人。为此，阿尔忒弥斯终日伤心，也使得原本光亮的月亮变得冰冷起来。

为世人所熟知的战争和智慧女神雅典娜为宙斯和智慧女神墨提

斯所生。不过在雅典娜还在墨提斯肚子里孕育的时候，宙斯从预言中得知墨提斯生的孩子会比自己还聪明，并且可能会推翻自己，因而非常惶恐。为了斩除祸根，宙斯将墨提斯一口吞进了肚子里，可是没一会儿他就头痛欲裂。无奈之下，宙斯只得让匠神赫淮斯托斯将自己的头颅劈开察看。当宙斯的头颅被劈开的一刹那，一个身披战甲、手中拿着长枪的美丽女神跳了出来，她就是雅典娜。

春夏秋冬的更替给地球带来了无数的生命，也让大自然显得更富有魅力，而在古希腊神话中，关于四季，还要提到一个叫得墨忒尔的女神。得墨忒尔是众神当中的农神，她的工作是负责让大地生机盎然、硕果累累。得墨忒尔有一个漂亮的女儿，她是春之女神，叫珀尔塞福涅，有了女儿的陪伴，得墨忒尔每天都过着幸福快乐的日子。然而不幸却悄然降临。一天，冥神哈得斯路过之时，恰巧看到了正在玩耍的珀尔塞福涅，哈得斯顿时被眼前这位女神的美貌所吸引，于是就将她掳到了冥间。

离开了母亲的珀尔塞福涅非常伤心，而当得墨忒尔发现女儿不见了之后，更是悲痛欲绝。得墨忒尔情绪低落直接导致了原本生机勃勃的大地变得一片苍凉，几经寻找之后，她才得知女儿的下落。当得墨忒尔找到哈得斯，要求他归还女儿时，哈得斯却提出了一个条件，说只要珀尔塞福涅没有吃过任何冥间的食物，那么她就可以走了。可是此时的珀尔塞福涅因为饥饿难耐已经吃了一个石榴，所以她无法回到母亲的身边。这样的结果让得墨忒尔非常伤心，她终年都提不起兴致，更别提工作了，于是大地连年干枯，失去了生机。

后来，这种情况惊动了众神之主宙斯，为了使得墨忒尔重新恢复工作，宙斯从中调解，最终哈得斯同意珀尔塞福涅每年有半年的时间可以回到母亲身边。如此一来，在珀尔塞福涅回到得墨忒尔身边的半年时间里，得墨忒尔心情愉快，于是大地回暖，春夏到来；可是当半年之后女儿返回冥间之时，得墨忒尔的失落情绪又再次袭来，这段时间的她心情抑郁，于是大地干枯，寒风刺骨，秋冬便到来了。

爱神阿佛洛狄忒的美貌尽人皆知，连宙斯都对她欲罢不能。可是，阿佛洛狄忒却对宙斯不感兴趣，而嫁给了匠神兼火神赫淮斯托斯。主张恋爱自由的爱神在婚后还与战神阿瑞斯发生了关系，并生下五个孩子。其中一个叫厄洛斯的小爱神长着一双金色的翅膀，手中拿着两种弓箭，被金箭射中的人能得到爱情，而被铅箭射中的人则会忘却尘缘。

关于爱神，还有一个著名的故事。相传，塞浦路斯的国王皮革马利翁非常热爱雕刻艺术，他利用闲暇时间雕刻了一尊美人像，还经常对着这尊雕像发呆，久而久之，皮革马利翁就爱上了这位“美人”。为此，皮革马利翁特意请求爱神阿佛洛狄忒赋予这尊雕像以生命，爱神被皮革马利翁的诚意所打动，于是就给了美人像生命。此后，皮革马利翁就和自己雕刻出来的这位美人过上了幸福的生活。人们常说的“皮革马利翁效应”也是由此得来，意思是人们的希望对所希冀之人事所产生的潜移默化的效果。

在西方，人们提到“赫尔墨斯雕像”的时候，通常是在形容一些不值钱的东西，而这种寓意的由来则是神使赫尔墨斯的故事。赫尔墨斯是宙斯之子，负责保护商业。一天，他化成普通人下凡到人间，当他来到一家售卖雕像的小店之后就挑选了两尊雕塑准备购买，一个是宙斯像，另一个是赫拉像。随后，赫尔墨斯看到了一个自己的雕像，他原以为自己身为商业保护神应该会价值很高，没想到老板的回答却是买宙斯、赫拉的神像就送赫尔墨斯像。“赫尔墨斯雕像”的寓意由此而来。

众神之中还有一个叫那喀索斯的美男子，回声女神对他情有独钟，可是他却拒绝了这位女神投来的爱意。为此，回声女神伤心地死去了，而她的叹息声则化成了回声在森林中不停地回荡。为了惩罚那喀索斯，惩戒女神让他爱上了自己在水中的倒影，最终抑郁而死，于是，“那喀索斯”也就有了自恋的意思。死后的那喀索斯化作了水仙。

（二）

人类的父亲普罗米修斯

宙斯成为新一代诸神之王后，泰坦巨人因为不服他的统治而与他展开了一场恶战。由于宙斯神力巨大，巨人们根本无法抵抗，最终纷纷被宙斯打入了地底。而在少数留存下来的巨人中有一个叫普罗米修斯的，他因为对战争不感兴趣而躲过了宙斯的惩罚。

在古希腊神话中，普罗米修斯是人类之父。他身材魁梧高大，但是却没有继承巨人暴躁的坏脾气。相反，普罗米修斯非常温柔，他不仅对争斗不感兴趣，而且天生喜爱与自然接触。在其他巨人眼里，普罗米修斯的言谈举止看起来十分怪异，也让他们感到不满。为了求得宁静的生活，不受其他巨人的侵扰，普罗米修斯离开了自己的族群，过起了独居的生活，而且只和一个叫厄庇墨修斯的兄弟有所往来。

可是，虽然生活宁静，普罗米修斯的心中却十分失落。看着生机勃勃的大地，普罗米修斯总觉得还不够精彩，于是他把土和水混在一起捏起了泥人。在普罗米修斯的想象之下，一个个小人被捏了出来，这就是古希腊神话中人类的起源。从此，大地上有了人类的欢声笑语，普罗米修斯心中的空缺才被填满。

虽然大地上有了人类，可是他们却终日生活在寒冷之中，吃的东西也都是生食，导致瘟疫横行。为了摆脱这种苦难，人类向创造他们的普罗米修斯求助。自己亲手创造了人类，却没能让他们感受到温暖，普罗米修斯为此苦闷不已。他前去请求宙斯将火种赐予人类，却被宙斯无情地拒绝了。普罗米修斯并没有因此罢休，身为人类的父亲，他认为自己有责任为他们带来温暖、驱除灾难。后来，普罗米修斯从匠神兼火神赫淮斯托斯那里偷取了火种，并将它藏在了芦苇管中送给了人类。从此以后，人类不仅得到了温暖，还吃上了熟食，生活过得比以前幸福多了。

宙斯知道此事之后，愤怒无比，决定惩罚普罗米修斯，命火神和太阳神一同将普罗米修斯绑在高加索山上。不仅如此，普罗米修斯每天还要遭到一只神鹰的啄食，他的肝脏每天都会被神鹰吃掉，到了晚上重新长出一个，第二天继续被神鹰叼啄。日复一日，普罗米修斯忍受着身体和精神上的巨大折磨，直到一个叫赫拉克勒斯的英雄路过此地将神鹰杀死，普罗米修斯才得以解救。

将普罗米修斯捆绑在高加索山上受苦的惩罚方式并不能让愤怒的宙斯平息下来，为了消解心中的怒火，宙斯将惩罚的矛头对准了人类。宙斯命令赫淮斯托斯造出了一名貌美如花的女子，取名“潘多拉”，为她戴上刻着众多精美动物形象的金发带。此后，宙斯又命令诸神装扮潘多拉，并赋予她各种魅力。于是，爱神让潘多拉拥有了娇柔的风姿，雅典娜给她穿上了漂亮的衣服和面纱，匠神让潘多拉能够说话……最后，宙斯又下令诸神各送给潘多拉一种对人类有害的东西，并且将它们通通装在一个盒子中，让潘多拉带着这个盒子送给普罗米修斯的兄弟厄庇墨修斯。

当潘多拉来到厄庇墨修斯身边时，厄庇墨修斯立刻被潘多拉的美貌吸引了，他接过了潘多拉手中的盒子，并娶潘多拉为妻。为美丽的潘多拉所吸引的厄庇墨修斯早就将普罗米修斯此前的忠告抛在了脑后——普罗米修斯曾警告过他，永远不要接受来自宙斯的任何礼物。不过，厄庇墨修斯虽然接受了潘多拉的盒子，但是他还是告诫潘多拉不要将其打开。然而，好奇的潘多拉最终还是将盒子打开了，她的这一行为直接导致了盒子中的各种诅咒飞向人间，人类被各种灾难和疾病所折磨，痛苦万分。潘多拉被眼前的景象吓呆了，她连忙将盒子盖上，而盒子中的“希望”永远地被关在了里面。“潘多拉的盒子”也成了西方社会中形容灾难之源的代名词。

人类之父普罗米修斯的被缚让人类渐渐淡忘了他的谆谆教诲，因此变得越来越堕落和残暴，这让本来就对人类没有好感的宙斯更加讨厌他们了。人类的自私和无情也为宙斯再次对他们发起惩罚找到了借口，宙斯使人间暴发了一场巨大的洪水，结果除了普罗米修斯的儿子丢卡利翁和儿媳妇皮拉之外，其他的人通通被洪水淹没了。在洪水的袭击下，人世间就只剩下这一对男女了，他们经过九天九夜的水上漂泊，终于找到一块凸起的陆地，便在这块陆地上重新开始生活。

为了能够让人间重新人丁兴旺起来，丢卡利翁和皮拉只得向宙斯求助，而此时的宙斯在发起洪水之后也后悔了，因为没人再给他祭祀了。看到仅存的两个人来向他求教，宙斯于是就将快速繁殖的秘诀告诉了他们。宙斯说，只要将石头越过肩膀往后面扔去，就可以繁殖了。夫妻二人听从了宙斯的建议，纷纷将石头越肩而投，果然，投过去的石头都变成了人。丢卡利翁投过去的石头成为了男人，而皮拉投过去的石头则变成了女人。后来，夫妻二人生下了自己的孩子希伦，也就是希腊人的祖先。从此，丢卡利翁和皮拉的子孙就成了人类新一代的领导者。

（三）
米诺斯遗址和迷宫传说

1903 年，著名的英国考古学家阿瑟·伊文斯来到了克里特岛，在三年的努力发掘之后，他找到了一处大型的王宫遗址。之后伊文斯又用了二十多年的时间，将这个庞大的王宫遗址全部挖了出来。它就是米诺斯王宫。伊文斯的发现引起了世界的轰动，米诺斯王宫也是继特洛伊城之后考古学的重大发现。那么，米诺斯为何如此牵动着考古人士的心弦呢？

原来，就像特洛伊城一样，人们在发现它们的遗址之前，也都只是在文献资料和神话传说中见识过这座城池的风采。直到 19 世纪末 20 世纪初的时候，德国人谢里曼在土耳其发现了特洛伊城的遗址，一股考古之风才在全世界范围内兴起，鼓舞着考古学家们继续前行。而伊文斯就是这股大军中的一员。谢里曼的成功一直是伊文斯的动力，他信心满满，于 1900 年来到了克里特岛。经过三年的艰苦努力，终于换来了硕果。

我们都知道，克里特岛不仅是爱琴海上最大的岛屿，而且还是古希腊文明的发祥地。在古希腊神话中，克里特岛具有无穷的魅力。相传，统治克里特岛的是宙斯之子米诺斯，米诺斯不仅统治着克里特岛，而且还独霸海上。当然，关于克里特，更让人神往的还有一个岛上迷宫的传说。

欧罗巴的美貌曾让宙斯动了心，为了求得欧罗巴，宙斯想出了一个计谋。一天，趁着欧罗巴在海边与她的女伴们玩耍的时候，宙斯变成了一头白色的公牛诱使欧罗巴骑在牛背上，并且带着她来到了克里特岛。在克里特岛上，宙斯与欧罗巴生下了三个儿子，他们纷纷建立起自己的国家。在宙斯的这三个儿子中，小儿子叫米诺斯，他后来成为了克里特岛的统治者。

一日，米诺斯无意中得罪了海神波塞冬，为了惩罚胆大包天的米诺斯，波塞冬便让他的妻子爱上了一头公牛。没过多久，米诺斯的妻子就生下了一个牛头人身的怪物，就是米诺牛。米诺牛的出生让米诺斯觉得颜面尽失，于是决定将这头怪物关起来。为此，米诺斯派人修建了一所复杂的迷宫，把米诺牛囚禁在迷宫的最深处。同时，米诺斯还规定，每隔七年，雅典人必须献上七对童男童女供米诺牛食用。

米诺斯的这一命令让雅典人痛苦不堪，每每到了进贡之时，整个雅典城都沉浸在悲伤之中。后来，雅典国王爱琴的儿子提修斯因为不愿意看到自己的臣民失去孩子，也无法忍受米诺斯的残忍作为，于是决定把自己作为贡品送往克里特岛，并伺机杀死米诺牛。就这样，提修斯就随着其他几对童男童女一同来到了克里特。不料，当提修斯一行人觐见米诺斯的时候，米诺斯的女儿阿里阿德涅瞬间被提修斯英俊的外表吸引住了。美丽的公主一下子坠入了爱河，为了不让提修斯被米诺牛吃掉，她还想出了一个办法。

到了去米诺牛面前“送死”的时候了。公主将一把利剑和一团线绳交给了提修斯，提修斯带着这两样东西与其他人一同来到了迷宫的入口。提修斯将手中的线绳捆在了迷宫的入口处，然后拉着线绳带着一行人往迷宫深处走去。最后，提修斯在迷宫的中央看到了米诺牛，于是他用手中的利剑将这头怪物杀死。随后，提修斯又带领一行人沿着线绳的轨迹走出了迷宫。

顺利杀死米诺牛并走出迷宫的提修斯准备带着公主和随行的同伴们一起返回雅典，临走之前，为了防止米诺斯的追兵赶上，他们把克里特岛上所有的船只底部都凿穿了。提修斯一行人起航了，可是，过于兴奋的他却忘记了出行前与自己老父亲的约定。原来，在前往克里特岛之前，提修斯曾与父亲约定，只要自己成功将米诺牛杀死，那么在返航中就会把原来黑色的帆换成白色，如果没有成功返还，那么帆仍然是黑色的。如今，成功返航的提修斯却忘记将船帆换成白色了。

在雅典盼望儿子归来的国王爱琴几乎每天都守在海边张望，终于有一天，他看到远远驶来的船只，可是却发现船帆仍旧是黑色的。国王爱琴以为儿子已经死在了米诺牛的口中，他悲痛欲绝，绝望地慢慢地走入了海中，直到被海水淹没。提修斯的疏忽导致自己的父亲投海自尽，后来人们为了纪念这位父亲，就把他自尽的那片海域称为“爱琴海”。

二、古希腊文明的起源

古希腊是一个历史悠久的地区，大概在公元前4万年就有居民在这里居住生活了。在漫长的历史岁月中，这片土地经历了巨大的变化，最终形成了古希腊文明，成为西方文明之源。

(一)

爱琴海的文明曙光

现代的希腊国与古希腊是完全不同的两个概念，现代希腊仅仅是希腊半岛这一狭长的地带，而谈到古希腊，除了希腊半岛之外，爱琴海上的众多岛屿、小亚细亚以及马其顿等地区都囊括在内。由于古希腊是由多个城邦所组成的，所以古希腊并不是一个地名，而是一个大地区的合称。西方文明起源于古希腊，这一点毋庸置疑。著名的诗人雪莱就曾说过："我们都是希腊人。"没错，从根源上来讲，古希腊文化绝对是西方文明的摇篮，有着极其深远的影响。

希腊人的祖先属于印欧民族，他们最早生活在巴尔干半岛和多瑙河下游地区。公元前 3000 年左右，又陆续迁徙到了马其顿和希腊半岛的北部地区，此时，这些希腊移民被称为"阿卡亚人"，他们生活在这片土地上，创造了迈锡尼文明。一千年之后，在阿卡亚人之后，又来了新的族群，他们进入了希腊半岛的中部和南部，这些人分别是爱奥尼亚人、伊奥利亚人和多利安人。与阿卡亚人一样，这些人的祖先都是神希伦，基本上是同源同族，他们来到希腊半岛之后将本土人同化，最终形成了希腊民族和希腊人。

不过，要追溯古希腊的悠久历史和渊源，还要回到公元前 4 万年的时候。那是旧石器时代，但是已经有先民居住在洞穴之中，他们会打制粗糙的石器，以捕猎为生。这些人被称为"尼安德特人"。在古希腊地区生活了几千年之后，尼安德特人不知道因为什么原因就消失不见了，而取代他们的是新的族群。此时已经是公元前 6000 年左右，人类社会进入了新石器时代。

新的居民已经懂得如何磨制石器，还掌握了农耕和养殖等技术。除了打猎之外，捕鱼也是他们获取食物的重要手段。不过，他们用来制造石器的原料却是自己居住的地区所没有的，由此可以推断，这一时期的居民已经与其他地区有了往来。当人们已经可以解决基本的温饱问题之后，便有了对精神追求的需要，表现在泥塑女神像的出现，这反映了当时的人们对自然和不知名的神力的崇拜，并通过简单的艺术形式将其表现出来。

希腊半岛的地形多为山丘，平原非常稀少，这里也是古希腊的中心地带。希腊半岛以山脉为界限，可分为北部、中部和南部三个地区，中部地区的社会发展最快，最著名的就是雅典城邦，它是古希腊最大的政治经济中心；希腊半岛北部地区发展比较落后，再往北走，就是古希腊神话中众神所居住的奥林匹斯山。而希腊半岛的南部，也就是伯罗奔尼撒半岛，即斯巴达地区。

在小亚细亚和希腊半岛之间就是爱琴海，这里的海水非常漂亮，海上散落着 483 个大大小小的岛屿。古希腊文明最早发祥于克里特岛，它也是爱琴海上最大的岛屿，横卧于爱琴海的最南端，其形状就像一艘狭长的战舰。人类最早的贸易往来就是从此地开始发展起来的。这里的先民曾经驾驶着小船，向北到达希腊半岛，向南到达埃及。当商贸往来越来越频繁、人口也越来越多之后，为了保证人们的正常通行和贸易的安全往来，人们开始在这一带海岸修建防护设施。公元前 10 世纪左右，希腊半岛地理位置的重要性开始逐渐显现出来。

当生产力发展到一定程度之后，这里的宗教和艺术也开始发展起来。原本以泥巴为原料的神像，逐渐被大理石取代，神像更加坚固，能够抵挡恶劣气候所带来的破坏，例如从基克拉迪斯群岛出土的“奏琴吹笛者像”和“大地女神像”就是这一时期雕刻艺术的代表，它们无论从雕刻技艺还是从形象表现来看，都体现了较为高超的艺术水准。

公元前2000年左右，克里特文明开始兴起。随着岛中部的克诺索斯和法埃斯特地区的政治经济发展，这里出现了最早的国家，不仅修建了恢宏的宫殿建筑，还出现了欧洲最早的文字。此外，手工业、商业和海上贸易也发展迅速。我们所说的“爱琴文明”，就是由克里特文明和之后在希腊半岛上出现的迈锡尼文明共同组成的。

如今，爱琴海依旧蔚蓝，克里特岛也仍然独具魅力，虽然曾经在这里大放光彩的古希腊文明早已不复存在，但是在爱琴海的怀抱中所孕育的西方文明却有目共睹。

（二）

神秘的克里特文明

克里特文明产生于约公元前1900年至公元前1450年，是欧洲最早的古代文明，也是古希腊最早的文明。克里特文明的范围包括克里特岛以及附近的一些岛屿，大约在公元前2000年左右的时候达到了鼎盛，代表了公元前15世纪前后爱琴海地区的最高文明成就，不论是文字水平还是青铜、陶器的制造水平都达到了很高的境界。陶器雅致秀丽，在陶器的外观上，刻着各种不同的花纹，艺术水平非常高。

克里特岛是一个东西长约250公里、南北宽约60公里的狭长岛屿，横亘在希腊和北非之间，孤悬于大海之上，一直到公元前

8000 年才进入了新石器时代。随着社会生产的发展，在克里特岛生活的居民，生活条件有所改善，他们修建的房子从茅草屋进化为石头房子，不但坚固牢靠，屋子里的墙壁还被打磨得光滑平整，一些有品位的克里特居民还在屋内摆满了各式各样的陶器。到公元前 15 世纪中期，整个克里特岛已经颇为繁华，一些克里特人还乘船出海，和外界保持联系。

大约从公元前 2800 年开始，克里特开始出现了金属工具，克里特文明向前跨了一大步。克里特的青铜器主要是工具和武器，制作精良，水平很高，青铜器的质地和造型方面都达到了很高水准，一些克里特人还制作一些青铜首饰、青铜器皿等。随着文明的发展，克里特人进入了阶级社会，有了贫富之分，从克里特岛上修建的多处王宫可以看出当时克里特文明的繁荣程度。

克里特文明是由多个小国家创造的，这些小国家拥有相同的文化和语言，发展程度也都相差不多。这些小国各自修建了自己的王宫，后来人们在克里特岛上发现了好几个王宫的遗址。克里特岛上的王宫，以米诺斯王宫的规模最为宏伟和华丽。因为克里特岛上地震频发，所以米诺斯王宫多次重建，每一次重建都将米诺斯王宫修建得更加华丽。从米诺斯王宫的规模来看，应该是到了克里特文明的后期，米诺斯国成为爱琴文明的中心，成为岛上的政治经济中心。

这座王宫依山坡而建，占地面积有 2.2 万平方米，大小宫室 1500 多间，各个宫室错落有致，功能齐全；宫殿分为东西两部分，东边是皇家人员居住的区域，西边是办公区、祭祀场所。米诺斯王宫的墙壁上画着色彩艳丽的壁画，内容多是从当时人们的日常生活中取材，为后来人们研究当时的历史提供了丰富的素材。这些壁画在历经岁月的洗礼之后，在今时今日仍然色泽鲜艳，看起来非常生动。米诺斯王宫见证了克里特文明的辉煌，给后人留下了丰厚的遗产。

除了建筑方面的成就，在文字方面，克里特人也有自己的贡献。为了方便记录与交流，克里特人发明了象形文字。刚出现的象形文字复杂难记，经过不断的演化，到了公元前1900年左右，克里特人所使用的文字简单便捷了许多，已拥有了线形的外形。后来，这种文字被人们命名为“线形文字A”。这些线形文字被克里特人刻在泥板上，保存在米诺斯王宫的储藏室里，后来米诺斯王宫遭遇大火，这些泥板被烧成了陶片，这些古老的文字便得以被保存到了现在。

克里特文明的突然兴盛和突然消亡，至今还是个谜，仿佛一夜之间便被摧毁了。公元前1450年，克里特岛上的建筑物被破坏，宫殿被损毁，克里特人失去了以往的活力，在低迷了一段时间后，便彻底销声匿迹了，名噪一时的克里特文明也从此在历史上消失了。关于克里特文明毁灭的原因，历史学家提出过许多不同的见解，有人认为是天灾，也有人认为是人祸。

不过现在很多历史学家倾向于将天灾和人祸结合起来，他们认为克里特文明的衰败和天灾、人祸都有关系。克里特岛的地质条件很不稳定，常年多发地震，最终地壳的运动引发岛上的火山爆发，喷薄而出的火山灰将克里特岛笼罩在一片黑暗之中，随后火山爆发引发了地震、海啸等一系列的自然灾害，令克里特人的生存状况雪上加霜，克里特岛上的文明便这样迅速化为乌有。因为遭受了自然灾害，克里特人引以为傲的强大海上舰队全部损毁，无法抵御外来入侵，所以，当时的迈锡尼人便乘虚而入，趁火打劫，进攻了克里特岛，克里特岛上坚固的城墙在地震中被震塌，根本抵御不了迈锡尼人的进攻。迈锡尼人打败了克里特人，攻占了克里特岛，成了这个岛的新主人。而残余的克里特人四处流散，慢慢融入其他民族之中，辉煌的克里特文明就这样消失在了历史的洪流之中。

（三）

迈锡尼文明崛起

克里特文明消亡后，取而代之崛起的是迈锡尼文明。迈锡尼文明产生于大约公元前 1600 年至公元前 1200 年，在公元前 1400 年左右，迈锡尼文明发展到了鼎盛时期。

迈锡尼文明的建立者阿卡亚人是希腊人的分支。公元前 2000 年左右，阿卡亚人从巴尔干半岛北部向南迁徙，来到希腊南部和中部一带生活；定居下来后，他们开始学着建造房屋、烧制陶器，从事农业放牧等生产活动。田园之乐虽然优哉，但毕竟条件有限，阿卡亚人的生活非常艰苦，就这样饥一顿饱一顿地一直过到公元前 1600 年，阿卡亚人在此期间建立了很多小国家，其中的迈锡尼发展势头最为强劲。

迈锡尼城位于伯罗奔尼撒半岛的东北部，整座城池高耸而起，城墙修建得非常厚实坚固，浑厚大气是迈锡尼文明的特点，这一点在迈锡尼的建筑风格上也有体现。迈锡尼城的建筑物无不高大雄伟，看起来大气磅礴，从迈锡尼城的遗址可以看到城门两边的门柱是没有经过切割的大石块，巨石堆砌出的城门非常壮观，它让现代人感叹的同时，也不禁疑问这么巨大的石块，当时的迈锡尼人是运用了什么样的聪明才智搬上去的。

根据古希腊传说，迈锡尼时代的人们非常好战。有这样一则故事，讲的是底比斯王俄狄浦斯自愿流放之后，他的两个儿子为了争夺王位，各自拉帮结派，隔一段时间就要进行一番厮杀，双方谁都不肯低头，导致底比斯城下尸横遍野、血流成河，最后这两兄弟谁也没能得到王位，双双战死沙场。还有一则故事，讲的是迈锡尼国王阿伽门农为了帮助自己的弟弟夺回被拐走的妻子，兴师动众，集结了希腊各路兵力，远渡重洋，前去征战。

这些传说中的故事虽然不可尽信，但也从侧面反映出迈锡尼文明中尚武、暴力的一面。靠着强大的武力攻击，迈锡尼人击败了克里特人，将迈锡尼文明带入了鼎盛时期，在公元前 1450 年左右，迈锡尼人创造的文字传播开来，被称为“线形文字 B”。随着社会生产水平的发展，迈锡尼文明时期出现大量奴隶，他们从事各种体力劳动，为奴隶主服务，社会阶级分明。

在迈锡尼文明发展到鼎盛时期时，对周围国家的影响也很大，北起中希腊的底比斯，南到伯罗奔尼撒南半岛，都受到迈锡尼文明的影响。爱琴海中的基克拉迪斯群岛、小亚细亚西岸地区和非洲的埃及等地区也与迈锡尼文明有了接触，整个东地中海地区，都成为迈锡尼人活动的区域。这种活跃状态一直持续到公元前 1250 年。从那之后，迈锡尼人开始修筑起高大坚固的围墙，用来抵御外来人的入侵；不过，迈锡尼文明的衰败还是不可阻挡。到了公元前 1200 年左右，这些城市陆续被毁坏，辉煌一时的迈锡尼文明逐渐没落，希腊也从一个文明时代迈入另一个新的文明时代。

后人在探寻迈锡尼文明时，在迈锡尼城池的遗址发现了阿特柔斯宝库。这是位于一座山谷中的王室墓地，在这块风水宝地里埋葬了许多位国王，之所以被称为“阿特柔斯宝库”，是因为相传阿特柔斯父子在下葬时，埋藏了许多珍贵的宝物。人们在这些国王的随葬品中发现了不少金银器具，还有很多武器，比如矛、盾牌、盔甲等，从中可以看出迈锡尼人的尚武情结是贯穿迈锡尼文明始末的。

迈锡尼文明比起华丽高贵的克里特文明，显得厚重朴实得多。迈锡尼文明是在迈锡尼人占领克里特岛之后，在克里特文明的基础上迅速发展起来的。迈锡尼人不但占领了克里特人的地盘，还接手了克里特人的海外贸易和岛上文明。到了迈锡尼文明的后期，发展壮大起来的迈锡尼开始发动对周边国家的入侵战争，特洛伊战争便是在此时发生的。

三、特洛伊战争始末

“冲冠一怒为红颜”不只会发生在中国，在古希腊，也流传着一个这样的美丽故事，因为美丽的妻子被夺走，伤心愤怒的丈夫便率领千军万马，发动了战争——特洛伊战争。特洛伊战争发生在迈锡尼文明的后期，这场战争的真实目的只是双方为了争夺利益，但在后人的史诗中，这场战争被覆上了神话和传奇的美丽色彩。

(一)

世间“第一美女”引发的战争

“自古红颜多祸水”，而我们下面所要讲到的海伦也是这祸水之一。至于为什么说海伦是祸水，她又惹了什么事端，还要从古希腊神话中人和神的第一次结合说起。那是英雄帕琉斯和仙女忒提斯（英雄阿喀琉斯之父母）的婚礼。婚礼当天，奥林匹斯山上的诸神们都前来祝贺，然而，正当大家沉浸在欢乐的氛围中时，却来了一位叫埃里斯的女神。埃里斯声称自己没有收到请柬，非常生气，决心要报复他们。

埃里斯拿出了一个刻着“致最美之人”的金苹果说，只有最美丽的女神才能得到这个苹果。只见埃里斯话音刚落，众女神就心神不宁起来，其中有三位女神当场就宣称自己才是最美的。这三位女神分别是宙斯之妻赫拉、宙斯之女智慧女神雅典娜，及爱神阿佛洛狄忒。三位女神为了最美之称争得面红耳赤，却没有定论。为了得出一个结果，她们决定让外人来评判，可是众神们都不愿意蹚这浑水，女神们只好将这个难题抛给了一个与此毫不相干的人——正在山上放羊的帕里斯。

帕里斯本是特洛伊国王的第二个儿子，在他出生后有神谕说他会带给特洛伊灾难，为了避免灾难，国王就将他遗弃在了深山之中。恰巧，一位牧羊人路过了帕里斯被丢弃之处，就收养了他。在牧羊人的抚育之下，帕里斯长成了一个英俊的少年，每天都在山上放羊。然而，虽然被国王扔出了特洛伊，但是命运的脚步还是跟随着帕里斯，直到争夺“最美”声誉的三位女神出现在他面前。

为了争得美丽之冠，三位女神都向帕里斯开出了丰厚的回报。

赫拉答应，只要帕里斯选她为最美丽的女子，那么他将得到权力和财富。雅典娜则许诺给帕里斯最高的智慧和顶尖的军事才能。最后，阿佛洛狄忒应允说，将赠予帕里斯一位世间最美丽的女子。面对诸女神抛出的好处，在权力、智慧和爱情之间，帕里斯最终选择了爱情。得到了金苹果的爱神阿佛洛狄忒高兴至极，连连答应会将第一美人送给帕里斯。可是，帕里斯却因此得罪了另外两位女神，她们决定对帕里斯进行报复。

然而，金苹果已经花落爱神之家，那么她所应允的世间第一美女是谁？她又在何方呢？原来，这位第一美女就是宙斯与斯巴达王后所生之女，即斯巴达公主海伦。此时的海伦已经是一位沉鱼落雁、闭月羞花的绝世美人，也到了该嫁人的年龄。可是，因为海伦的绝世美貌，前来追求她的人络绎不绝，其中还有斯巴达国王的侄子奥德修斯，这让海伦的父王倍感头痛。还好，奥德修斯为他出了一个好主意。

奥德修斯的建议是：在海伦作出决定之前，先让所有的追求者对天发誓，不管海伦选择了谁，他们这些追求者都不能有任何意见和不轨行为，若有违反者，那么其他的所有人都会将这个违反誓言的人送上法场。国王听了奥德修斯的建议之后就如此施行了。最终，海伦选了迈锡尼国王阿伽门农的兄弟墨涅拉俄斯做她的丈夫。后来，墨涅拉俄斯继承了斯巴达的王位，而身为他妻子的海伦自然就成为了斯巴达的王后。婚后，海伦为墨涅拉俄斯生了一个漂亮的女儿。他们本可以这样平静幸福地生活下去，可就在这个时候，帕里斯出现了。

爱神许诺给帕里斯让他得到世间最美的女子之后，帕里斯就从希腊来到了斯巴达王国，国王墨涅拉俄斯还非常热情地款待了他。

当帕里斯第一次见到海伦之后，就爱上了她。此后，墨涅拉俄斯因为有事而离开了王宫，这为帕里斯接近海伦创造了条件。在爱神的帮助之下，海伦很快坠入了与帕里斯的爱河之中。不久之后，帕里斯就席卷了王宫中所有的财宝，带着海伦逃走了。回到宫中得知此事的墨涅拉俄斯愤怒无比，事实上，帕里斯此举不仅激怒了墨涅拉俄斯，更激起了整个希腊的愤怒，因为他夺去的不仅仅是一个世间最美丽的女子，更是一位希腊王后。

无法抑制心中怒火的墨涅拉俄斯随即就请求兄长阿伽门农的帮助，而得知此消息的阿伽门农则动员了此前追求海伦的同盟者队伍，其中就包括伊塔卡国王奥德修斯和英雄阿喀琉斯。其实，此时大家都已经过上了安稳的日子，谁都不想为了战争而打破眼前宁静的生活。于是当阿伽门农动员这些同盟者的时候，遇到了一点困难。奥德修斯的妻子刚刚为他生下了一个儿子，这个时候要他外出打仗，奥德修斯自然是一万个不愿意。为了躲避参战，奥德修斯假装自己疯了。

阿伽门农当然不会相信奥德修斯真的疯了，于是派了涅斯托耳前去一探究竟。对于揭穿奥德修斯，涅斯托耳自有他的本事。当他来到奥德修斯所在之处时，奥德修斯正坐在一辆由驴子和牛拉的车子上犁地，最关键的是，“疯子”奥德修斯是倒着走的，而且他播种的居然不是种子，而是石子。老谋深算的涅斯托耳并没有相信此情此景是真实的，他始终坚信奥德修斯是为了躲避战争才装疯卖傻。只见涅斯托耳将奥德修斯的儿子抱了过来，还把他搁置在了奥德修斯的犁车之前，只要奥德修斯不停地向前犁地，那么他的儿子必死无疑。奥德修斯终于恢复了本来面目，他下车抱起儿子，查看他是否安然无恙。结果，奥德修斯只得加入战斗。

当参战的号召轮到阿喀琉斯响应之时，他的父亲英雄帕琉斯和他的仙女母亲忒提斯却不愿自己的儿子参战。而之所以需要阿喀琉斯加入战斗，是因为他拥有一副刀枪不入的身躯。相传，当年阿喀琉斯出生之后，他的母亲不愿自己的儿子成为一个普通人，所以就提着他的脚后跟将他浸在了冥界的水中洗浴，因此他拥有了超强的体魄，但是被母亲提着的脚后跟因为没有浸到水中所以没有强大的抵御能力。后来，“阿喀琉斯之踵”就成为了西方社会形容致命弱点的成语。

那么，此时的阿喀琉斯在哪里呢？原来，此前就有预言说阿喀琉斯将面临两种命运的选择，一种是平静安宁地在俗世中度过一生，另一种则是在战场上成为伟大的英雄，但是却要早早地死去。母亲为了让自己的儿子活得长久一些，于是将阿喀琉斯打扮成了女孩子的模样，并将他送进了斯库罗斯岛国王吕科德莫斯的王宫之中，和国王的 49 个女儿在一起生活成长。来到王宫中生活的阿喀琉斯过上了其乐融融的日子，他男扮女装，与众多姐妹们成了好朋友。这个秘密除了国王吕科德莫斯和帕琉斯夫妇之外，谁都不知道。

然而，为了应战，奥德修斯必须要找到阿喀琉斯，于是他来到了斯库罗斯岛。当然，这里所有人都不知道阿喀琉斯的真实身份，而国王又不愿将秘密说出，奥德修斯只好自己想办法辨认阿喀琉斯。一天，奥德修斯假扮成一位商人来到了王宫之中。在国王 50 位美丽的女儿面前，奥德修斯拿出了各种女孩子们喜爱的饰品，此时，他发现除了一个女孩儿站着不动之外，其余的女孩儿都争先恐后地来试戴这些漂亮的饰品。这个时候，奥德修斯又拿出一把镶着宝石的匕首，而当这把匕首出现在这 50 个女孩儿的面前时，只有刚才那个站着不动的“女孩儿”对它产生了兴趣。没错，他就是男扮女装的阿喀琉斯。

至此，所有的人都站了出来，为这场即将拉开序幕的战斗做好了准备，并推举阿伽门农为统帅，战争一触即发。

（二）

特洛伊战争和“木马计”

正当希腊联军准备开战之时，阿伽门农却在一次打猎中误伤了狩猎女神阿尔忒弥斯的神鹿。为此，狩猎女神震怒，刮起了飓风以示报复。阿伽门农见状只得赶忙将自己的女儿伊菲吉妮娅送出来，让阿尔忒弥斯息怒。阿尔忒弥斯接受了阿伽门农的道歉，一阵风将他的女儿卷走，让她做自己的女祭司。飓风停止了，希腊联军的舰队也可以出征了。雅典娜、波塞冬和赫拉这三位神站在希腊联军一边，而阿佛洛狄忒、阿波罗和阿瑞斯则站在特洛伊人这一边。一场人与人、神与神之间的战斗即将打响。

然而，在希腊联军刚刚到达特洛伊之后就遭到了对方的袭击，由于不熟悉地形和环境，强大的希腊联军在特洛伊人面前显得极为脆弱。此后，这场战争就陷入到痛苦的拉锯战中，双方不分上下，一打就是九年。眼看着这场战争已经持续到了第十年，希腊联军已是军心涣散，士兵们都无心应战，并因此起了内讧。当时，希腊联军在对太阳神庙的攻打中获得了胜利，缴获了大量的财宝以及两位美人。这两位美人分别是太阳神祭司的女儿克里茜叶丝和女奴布蕾色丝。由于阿喀琉斯对此战的胜利有很大的功劳，所以他得到了女奴布蕾色丝，而阿伽门农则获得了另一位美人。

没多久，太阳神祭司克津塞斯就前来向阿伽门农求情，请求他将女儿克里茜叶丝还给他，结果被阿伽门农无情地拒绝了。克津塞斯非常生气，便请求太阳神阿波罗对阿伽门农施以惩罚。太阳神答应了克津塞斯的祈求，并且射下了箭雨。看着躺在血泊中的希腊人，阿伽门农万分惊恐，不得不将克里茜叶丝放了回去。然而，事后阿伽门农却又打起了布蕾色丝的主意，这让阿喀琉斯非常生气。最后，阿喀琉斯答应不再拥有布蕾色丝，条件是自己退出战争。

得知阿喀琉斯退出希腊联军之后，特洛伊人欣喜万分，发起了强大的进攻。在特洛伊人的紧逼之下，希腊联军节节败退。就在此危急时刻，在众人的请求和劝说之下，阿喀琉斯仍旧不肯出战，哪怕阿伽门农亲自向阿喀琉斯道歉也不行。无奈之下，阿喀琉斯的好友帕特克劳斯只得佯装自己是阿喀琉斯上了阵，与他对决的是特洛伊的大王子赫克托尔。赫克托尔声名在外，帕特克劳斯自然敌不过他，最后死在了赫克托尔的手中。

帕特克劳斯的死让阿喀琉斯悲痛万分，同时也愤怒至极。为此，阿喀琉斯决定与阿伽门农和解，并且出征迎战赫克托尔。虽然赫克托尔已经预感到与阿喀琉斯的对决很可能让自己丧命，但是为了守护特洛伊，他毅然决然地接受了挑战。二人的战斗就这样开始了，在特洛伊城下，阿喀琉斯用尽了全身的力气要为自己的好友报仇雪恨。最终，阿喀琉斯做到了。他亲手杀死了赫克托尔，并将赫克托尔的铠甲脱下，再用绳子将赫克托尔的尸体绑在战车的后面，直到这具尸体被拖得血肉模糊，才将其弃之荒野。

看到自己的儿子赫克托尔被如此残忍地杀害，特洛伊国王普里阿摩斯痛苦至极。为了让儿子得以安葬，普里阿摩斯决定带着赎金去找阿喀琉斯。普里阿摩斯见到阿喀琉斯之后就跪了下来，他一边哭泣一边亲吻阿喀琉斯的手，乞求对方将赫克托尔的尸体交还给他。普里阿摩斯痛哭流涕，这场战争让他的50个儿子通通葬送了性命。见对方如此哀求，阿喀琉斯想到了自己年迈的父亲，心软之下就将赫克托尔的尸体交还给了普里阿摩斯，并承诺在赫克托尔得到安葬之前，他不会对特洛伊发起进攻。

没有了兄长赫克托尔的保护，帕里斯只得自己出征了，他决定与阿喀琉斯对战。已经将大将赫克托尔击败的阿喀琉斯此时非常自信，对于他来说，杀死帕里斯根本不在话下。但是，帕里斯已经从太阳神阿波罗那里得到了神谕，他知道阿喀琉斯的致命弱点在哪里。在二人的对决之中，帕里斯一箭射中了阿喀琉斯的脚跟，将其杀死。如此，又一名大英雄死在了特洛伊战场上。

阿喀琉斯和赫克托尔的死让战争的双方都失去了核心的领导者，战事没有任何进展。就在这时，奥德修斯又想到了一个好办法。在奥德修斯的领导下，希腊联军制造了一只很大的木马，里面藏着很多士兵，并将木马搁置在特洛伊的城门外。木马准备完毕之后，希腊联军顺势将自己的营帐烧毁，登上了船，假装要回国的样子。事实上，他们并没有离开特洛伊，而是躲在暗处，准备伺机而动。

当特洛伊人看到希腊联军的船只渐行渐远之后，他们内心狂喜，以为希腊人已经扛不住战争的消耗主动败退了。随后，特洛伊人打开了城门，看到了眼前的这只大木马。忽然，有人发现这只木马的腹下居然藏着一个叫西侬的希腊勇士，只见西侬哭哭啼啼的，一边哭一边站出来向特洛伊人求饶，还不停地咒骂那些“逃亡”了的同伴们。最后，西侬将眼前的大木马交给了特洛伊人，说这是献给雅典娜女神的祭品，希望能够得到女神的保佑。

听了西依的话之后，特洛伊人基本上已经相信了眼前的这个希腊人，准备带着木马回去祭献给雅典娜。不过，在阿波罗神庙中的祭司拉奥孔知道，这只木马不过是希腊人使的诡计罢了，于是从山上跑下来，将自己所知道的真相一五一十地告诉了特洛伊人，还警告他们千万不能把木马运到城中。可是就在这个关键的时刻，波塞冬却派出了两条毒蛇杀死了拉奥孔和他的两个儿子，这一突发事件让本来就对拉奥孔半信半疑的特洛伊人以为这是神灵对说谎的拉奥孔的惩罚。拉奥孔的死使特洛伊人毫不怀疑地将木马拉回了城中。

当晚，胜利的特洛伊人将木马放置在庆祝活动的中央地带，并开始围着木马唱歌跳舞、饮酒作乐。正当所有的特洛伊人都沉浸在欢快的氛围之中时，只有一个人知道这件事有问题，她就是卡桑德公主。卡桑德及时地向特洛伊人说明了自己的预知，可是没有一个人相信她，这是因为卡桑德原本要将自己的一生奉献给太阳神阿波罗，并以此获得预知的能力，可是后来卡桑德又违背了自己的誓言，于是受到了阿波罗的惩罚——让她的预言无人相信。

至此，特洛伊人已经彻底被骗了，他们载歌载舞尽兴之后就昏昏地睡了过去。然而，就在特洛伊人沉入梦乡之后，他们带回来的木马却有些不对劲了。只见此时，希腊勇士西依轻轻地将马腹扣动了一下，伴随着西依发出的信号，木马中藏着的希腊士兵们一个个爬了出来。随后，这些希腊人打开了城门，而已经等候在城门之外的希腊联军瞬间就涌进了城中。还在沉睡中的特洛伊人就这样在睡梦中被对手斩尽杀绝，特洛伊城也被付之一炬。希腊人的木马计帮助他们获得了空前的胜利，而此后“特洛伊木马”也成了西方人形容骗局的代名词。

浩浩荡荡的特洛伊战争终于结束了，它由绝色美人海伦而引发，可是战争结束之后，海伦的下落却从此不为人知了。有传言说，当年帕里斯死去的时候，海伦也跟随他自尽了。也有传言说，海伦并没有离开过埃及，她一直等候在那里，十年之后她的丈夫墨涅拉俄斯回到了埃及并且原谅了眼前这位依旧美丽的妻子。

（三）
多利亚人统治的"黑暗时代"

战争结束了，特洛伊城成了一片废墟，等待着强族的重新兴建。而希腊联军胜利之后，阿伽门农就回到了自己的迈锡尼王国，可是回国之后，阿伽门农却不幸被妻子害死，导致国内群龙无首，陷入了一片混乱之中。贵族之间展开了王位的争夺战，使得国力大大削弱，进一步促使迈锡尼王国走向衰落。

当然，真正让迈锡尼王国衰落的是一场史无前例的饥荒。那是公元前 13 世纪末期，饥荒发生在地中海一带，由于没有粮食收成，社会矛盾逐渐加剧。加之当时的迈锡尼人还遭受来自一些"海上民族"的欺负和频频发生的地震灾害，国力很快就衰败了。公元前 11 世纪前后，一场地震和随后发生的火灾将米诺斯王宫付之一炬，由于迈锡尼人已经没有能力对其进行重新修葺，所以米诺斯王宫就这样消失了。

遥想当年，米诺斯人被强大的迈锡尼人征服，在此地建起了属于迈锡尼人的王国。在两百年的统治和发展中，迈锡尼人凭借着自己的智慧壮大着这个国家，使其经济繁荣、文化昌盛。然而，随着特洛伊战争的爆发，迈锡尼王国的命运也发生了改变，开始走下坡路。弱肉强食，这是自然界更新换代的法则。当年入侵米诺斯的迈锡尼人也许不会知道，仅仅两百年之后，他们的命运也像米诺斯人一样，遭到了来自外族的觊觎。

在迈锡尼王国民不聊生的情况下，盯上这块肥肉的多利亚人开始行动了。多利亚人原本生活在希腊半岛的北部地区，他们的生产力相对落后，但是军事力量却不容小视。当看到迈锡尼王国内部如此混乱之后，多利亚人准备乘虚而入。很快，多利亚人就以迅雷不及掩耳之势攻占了迈锡尼的伯罗奔尼撒半岛，这也是迈锡尼的文化中心。占领迈锡尼之后，愚昧的多利亚人却没能将迈锡尼的文明继承并发扬光大。相反，多利亚人对迈锡尼文明丝毫不感兴趣，这就导致迈锡尼文明陷入了无法传承下去的境地，迈锡尼人的文字和文化也因此没能得以流传。

由多利亚人统治的这段时期，文化上发生了倒退，从公元前11世纪到公元前8世纪的三百年时间里，对于希腊人来说，绝对是一个“黑暗的时代”。不过，在文化落后的情况下，其经济还是得到了一定的发展。当年迈锡尼文明和克里特文明都属于青铜时代的文明，而多利亚人入侵之后，这里则进入了铁器时代。此前地中海一带的制铁技术始终为赫梯人所掌握且其并不外传，直到海上民族将赫梯人的国家摧毁之后，这项技术才得以被新的民族继承。

伴随着多利亚人的入侵，他们也在希腊半岛上最早学会了制造铁器，并将这项技术带到了希腊其他地区。铁器时代的到来大大提高了希腊地区的农业生产力，这种发展使得大批手工业者从农耕劳作中解脱出来，同时商业贸易也在物物交换之中得到了发展，整个希腊地区的经济呈现出上升趋势。生产力的发展促使了新的文明产生。

在军事上，多利亚人则将自己的制度传播到了希腊半岛，就是军事民主制。在这种制度中，军事首领由部落选举产生，在部落的内部还有长老会，由长老会的成员对部落的各种事务做出决议。而在长老会之下，还有一个民众会议组织，其成员由部落中的成年男子组成，每一个民众会议的成员都可以在会上提出自己的意见。在这种军事制度中，军事首领没有绝对的权力，因此无法对部落专制。可是，随着生产力的发展，部落内部的阶级分化越来越明显，部落首领占有了大量土地，导致平民没有土地耕种，逐渐沦为了贵族阶级的附属品。

在著名的《荷马史诗》中，有很多文献资料都与这个黑暗的时代相关，还描绘了这一时代的诸多英雄，因此这个时代也被称为“荷马时代”或“英雄时代”。在人类发展的历史上，一种文明的衰落往往同时意味着另一种文明的兴起，这个规律也同样适用于希腊地区。在多利亚人的野蛮统治之下，克里特文明和迈锡尼文明都销声匿迹了。可是，在多利亚人对旧文明不闻不问的时候，新的文明却已开始酝酿。

四、古希腊城邦的兴起

在希腊的历史上，城邦的兴起标志着希腊的崛起，在城邦不断形成的过程中，希腊的经济不断复苏，政治经济得以完善，为日后进行海外殖民扩张打下了坚实的基础。通过海外扩张，希腊控制的区域扩大了数倍，在周边地区形成了不可抵挡的影响力。

（一）
“小国寡民”的城邦复苏

公元前8世纪左右，已经进入“古风时期”的希腊终于从“黑暗时代”中走了出来。随着社会的发展，古希腊地区的经济逐渐复苏，这一时期，大大小小的城邦开始出现。

城邦又叫“城市国家”，是以一个单独的城镇为中心建立起来的国家。一般来说，城邦的面积都不大，人口也不多，因此人们形象地形容它为“小国寡民”。除此之外，城邦也是一个独立自主的政体。在欧洲历史上，有两个时期的城邦最为兴盛，一个是古希腊时期的城邦，另一个是文艺复兴时期的意大利城邦，而欧洲文明也正是发祥于此。

最早的希腊人是从巴尔干半岛以及多瑙河下游一带迁徙过来的，他们四处寻觅着家园，直到来到希腊半岛。一些人在希腊半岛的北部安居，在那里繁衍生息，而另一些人则继续往南走，最后在希腊中部和南部的平原地区停下了脚步。他们以几户人家为一个单位聚居起来，这就是最早的村落。

在希腊半岛上生活的数百年里，随着社会的不断进步，希腊人陆陆续续建起了很多城邦。这些城邦最早是在爱琴海上的诸岛屿和小亚细亚沿岸修建起来的，随后在雅典等地也开始出现城邦。一段时期以后，克里特岛、伯罗奔尼撒半岛也有了城邦。最后，在希腊的中部和北部，城邦同样兴盛起来。

城邦的中心地带是最繁华的，也是一个城邦的政治、经济和文化中心，从中心往外扩展，一直到联结起周边的农村地区，一个城邦就形成了。而城邦的中心则是围绕着坐落在山丘之上的卫城而修建的。当然，也不是所有的城邦都由城市扩展开来，例如斯巴达城邦就全部由农村构成。在信奉神灵方面，一般是几个城邦共同祭祀同一个神灵。

据文献资料统计，古希腊大大小小的城邦数量非常多，至少有450多个。而在这些城邦中，有一些是非常著名的，如雅典、底比斯、斯巴达等，其中又以斯巴达城邦的面积最大，达到了8400多平方公里，而面积位居第二的则是2500平方公里的雅典。

古希腊各个城邦的面积一般来说都比较小，例如克里特岛上大大小小林立着一百多个城邦，而克里特的总面积与斯巴达相差无几。实际上，一个小小的城邦也就相当于一个村寨。国土面积的狭小直接导致人口数量稀少，所以这些城邦才被后人称作“小国寡民”。

“城邦是公民的集合体。”这是古希腊著名哲学家亚里士多德说的，在他看来，城邦中除了公民之外就没有别的了。而这句话也正表达了公民政治的重要性，每个城邦都以公民为基础制定其政策。

在希腊的城邦中，凡是年满十八岁的人都要举行一个宣誓仪式。他们在祭坛前面笔直地站立，并且向城邦的守护神献祭，同时高声宣读誓言，表示永远以城邦的利益为重，永远爱护和尊敬城邦的宗教，不做违背城邦利益的事情。宣誓仪式结束之后，这些年满十八岁的青年就正式成为古希腊城邦中的公民了。

不过，在城邦形成初期，由于权力集中在贵族的手中，所以城邦的机构和政策等都是从贵族利益出发的。经过一段时间的过渡之后，少数的贵族又争夺到了更高的权力，并且利用手中的权力建立了诸如“寡头政体”的统治。而有的时候还会因为个人的权力而形成“僭主”，即一个拥有至高无上权力的人统治整个城邦，属于个人的独裁统治。

以上三种统治虽然各有不同，但是归根结底都是由贵族阶层掌控的。在这三种政体的统治之下，古希腊城邦维持了很长时间，而这种城邦制在其他地方由于土地少、实力小而不足以抵抗外敌，所以都只是临时的状态。在古希腊的诸城邦中，这三种政体形式交替转换，形成了一种较为特殊的政治形态。

（二）
海外大殖民

随着社会的发展，人口数量不断增加，城邦土地面积狭小的弱点就暴露了出来。假如再遇到自然灾害，致使原本就不多的粮食产量大大减少，城邦中的公民将不得不过紧衣缩食的日子。如此一来形成恶性循环，就会导致城邦的社会经济倒退。可见向外扩张土地是古希腊城邦的必然之举。

虽然内心经受着无尽的痛苦，但是只有将人口分散开来，才能让更多的希腊人活下去。于是，除了长子之外，每个家庭的其他男性都要踏上海外移民的艰难之路。其实，导致古希腊开始对外扩张土地的原因还有一个，即那些在权力斗争中失败的贵族们，他们在事后不得不另谋出路，只能选择新的土地得以安身。

希腊人擅长海事，广阔的地中海就是他们的衣食父母，于是，有着先进航海技术的希腊人选择了向海上扩张。公元前 8 世纪至公元前 6 世纪的两百多年里，大批的希腊人迁往了海上岛屿。

这一时期的海外殖民范围也非常大，从西西里岛到法国沿岸，海外扩张一共新建了上百个新的城邦，移民过去的希腊人定居在那里后发展了新的文明，出现了不少著名的文化城市，例如马赛、拜占庭等，比比皆是。

通常情况下，希腊人的海外殖民采取自愿出行的方式。每每有船向海外进发，在出发之前城邦都会召开一次会议，召集所有准备要出行的城民，并且制定出一系列鼓励海外移民的政策。这样一来，在现有城邦生活困难的情况下，很多人都自愿选择走出去。

当然，如果遇到情况比较糟糕的时候，城邦也会强制一些人向海外移民。等所有的事情都定夺好之后，城邦就开始组织船队，并且往船上填充足够的食物和必需品，最后再召集大家上船起航。

我们在《奥德赛》中可以看出，希腊人虽然酷爱海上探险，但是对于故土的那份眷恋也是非常强烈的。人人都不愿意离开自己的故乡到海外开辟新的生存地，但是现实的无奈使得人们不得不这样做。为了怀念故土，也为了在新的土地上感受到故乡的气息，希腊人往往在出行之前会到神庙中带一些火种，等他们到达新的生活据点之后，就会把火种存放在新建的神庙里，正所谓“薪火相传”。

在经过海上风浪的洗礼和艰难的旅程之后，这些希腊移民终于来到了新的家园。到达目的地后，他们就马不停蹄地开始建设家园、修建神庙，同时把原有的城邦制度带了过来。在新的土地上，移民们仍旧拥有原城邦的公民权利，不仅如此，他们也是新殖民地的公民，享有更多的权利。

新建立的城邦属于原城邦的子城邦，在经济和文化上基本与原城邦保持一致。然而在政治上，子城邦却是独立于原城邦的。时间久了，母城邦和子城邦之间的关系还会发生各种各样的变化，有的联系更加紧密了，有的则反目成仇。

在几百年的开拓和发展之后，希腊人的领土变得十分广阔，使得整个地中海都成了他们的天下。北至黑海沿岸，南到非洲的突尼斯海岸，西到意大利南部和西西里岛，无一处没有希腊人兴建的城邦。最远的，他们甚至在法国的东南部和西班牙东部地区建立了城邦。

从北到南，再到西，一个“大希腊”地区就这样形成了。然而，希腊人唯独没有向东边开拓，这是因为那里是巴比伦和埃及的地盘，这是当时的希腊人惹不起的两个强大的国家。不过后来，希腊人在这些地区的沿海也建起了商站。

如此，这个自古以来最富有冒险精神的航海民族在对土地的开辟中翻开了历史的新纪元，他们不仅大大地拓展了疆土范围，也更广泛地播种了文明，使得文明的火种在欧洲大地上生根发芽。虽然希腊人的海外殖民给当地的原住民带去过灾难，但是从历史发展的角度看，希腊人这一时期的海外大殖民是意义非凡的。

（三）

奥林匹克运动会的举办

在巍峨的埃拉乌斯山上，一条举世闻名的格言就镌刻在那里：“假如你想要变得强壮，那么就跑步吧！假如你想变得健美，也请跑步吧！假如你想变得睿智，还是请你跑步吧！”希腊人喜欢阳光，热爱运动，除了对精神的探索和对智慧的开发之外，强健的体魄也始终是他们所追求的。

1896 年，第一届现代奥林匹克运动会在雅典举行，这是时隔一千多年之后，在法国人顾拜旦的努力之下，奥运会的火种再一次在人类社会中被点燃。从此以后，只要没有受到战争的影响，奥运会就不会停办。不过，现代奥运会的举办地无论是在哪个大洲，其圣火都要在希腊的奥林匹亚获得，然后再经过一路的传递来到举办国的土地上最终点燃。而这样一路传播火种的寓意也是要告诉沿途的人们，让战争停止，让和平传递。

奥林匹克运动会发源于古希腊，举办地在伊利斯城邦内的奥林匹亚。通常认为，公元前776年是奥林匹克运动会的开端，实际上，在这一年奥林匹克运动会被定为四年举办一次，而它真正的开始时间要比这个时间还早一些。从公元前776年至公元前393年，古代奥林匹克运动会在被罗马皇帝狄奥多西一世废除之前一共举办了293届，从未中断。

希腊人的审美是这样的：他们喜欢古铜色的皮肤，认为只有经太阳晒过之后的皮肤才是健康的。他们认为，只有灵魂与肉体都是完美的，那么人生才没有缺憾。正如我们所熟知的那些古希腊大哲学家们，例如苏格拉底、柏拉图，他们不但在学术上成就颇高，而且都是非常有名的运动健将。

在古希腊，几乎每年都有大型的运动会举行，这是因为那时候的他们一共有四大运动会。这四大运动会中，除了每四年举办一次的奥林匹克运动会为我们所熟知外，还有另外三个，分别是每半年举办一次的皮提亚运动会，这是为祭奉太阳神阿波罗所举办的运动会，不过后来也改为了四年一次；还有每两年举办一次的科林斯地峡运动会，是为了祭奉波塞冬女神；而另外一个每两年举办一次的涅墨亚运动会则是为了祭奉众神之王宙斯而举办的。这四大运动会的知名度正如我们现在所了解的一样，以奥林匹克运动会的受欢迎度最大，所以，一旦在奥林匹克运动会上取得好的成绩，这名运动员很快就会声名远播。

我们都知道，在位于伯罗奔尼撒半岛的奥林匹斯山上，居住着古希腊的诸位神灵，这里还有一座神圣的庙宇，也就是宙斯神庙。宙斯神庙中供奉着的当然是众神之王宙斯，这尊神像用黄金和象牙镶嵌全身，被称作是世界七大奇迹之一。在众神之王宙斯的保佑之下，奥林匹克运动会就在这里举行。

那么，关于奥运会，其由来又是如何的呢？古希腊是“人神共存”的社会，所以要讲述奥运会的渊源，就不得不提到一位叫赫拉克勒斯的神灵。相传，四处留情的宙斯与凡间的一位叫阿尔克墨涅的公主生下了一个儿子，他就是赫拉克勒斯。赫拉克勒斯出生之后就惹得宙斯的妻子赫拉一脸的不高兴，再加上他是半人半神，就更加遭赫拉讨厌了。

为了报复赫拉克勒斯，赫拉甚至派了巨蛇想要将他毒死，不料赫拉克勒斯之前就得到了雅典娜的帮助，他吮吸过赫拉的乳汁，所以获得了一身巨大的力量，导致巨蛇不但没能得逞，反而被赫拉克勒斯掐死了。因为力大如牛，赫拉克勒斯成年之后立下了不少功绩，其中一次是帮助奥革阿斯国王清扫牛粪。

据说奥革阿斯国王的牛棚中有三千头牛，因为数量太多，清扫起牛粪来十分困难，所以一直没人清扫。当赫拉克勒斯听说此事后就主动提出帮助清理牛棚，而且是在一天内完成，但前提是完成后将三百头牛当作酬劳赠予他。国王心想，在一天内清理完牛棚简直就是天方夜谭，完全不可能实现，于是就爽快地答应了赫拉克勒斯的条件。

让奥革阿斯国王没想到的是，赫拉克勒斯居然拥有无穷的力量。只见赫拉克勒斯借助了宙斯的神力，引来了两条河水来清理牛粪，在不到一天的时间里，牛粪全部都被清理干净了。完成任务的赫拉克勒斯高兴地找到了国王要他兑现承诺，可是国王却反悔了，这让赫拉克勒斯非常愤怒。一气之下，赫拉克勒斯就将奥革阿斯从王位上赶了下来，自己当起了国王。此后，赫拉克勒斯为了向宙斯表达自己的尊敬和爱戴，就举办了第一届奥运会。

关于奥运会最著名的“神圣休战”的说法，是由于最初参加奥运会的运动员基本上都是士兵，当勇士们离开军队去参加体育比赛的时候，也是军队的战斗力最为虚弱的时候，也最容易被敌人攻破。为了杜绝这一现象，古希腊的诸城邦纷纷达成协议，要求在奥运会期间停止战争。

奥运会在最早的时候每届只进行短短的一天，一直到公元前472年，也就是第七十七届奥运会，由于比赛项目的增多，比赛时间延长至五天。经过一段时间的发展，由原本只有希腊半岛上的城邦参加，一直扩展到海外殖民地上的城邦也参与进来。古代奥运会在每年的七月举行，那是一个烈日炎炎的月份，所以无论对运动员还是对观众来讲，进行一场奥运会都要耗费极大的体力，尽管如此，却丝毫不能减退希腊人对奥运会的极大热情。

在对宙斯祭献完毕之后，奥运会的比赛就正式开始了。当时的比赛项目也是比较有限的，主要有赛跑、赛马、摔跤、拳击和五项全能等。古代奥运会最好看的项目要数五项全能了，因为这项比赛不仅能让观众欣赏到运动员矫健的身姿，而且还有乐队的伴奏，可谓赏心悦目。而有些比赛则非常具有危险性，例如拳击手在搏斗的时候很有可能导致死亡。

奥运会的奖品是一个由橄榄枝编织而成的花环，当然，这可不是普通的橄榄枝，而是生长在宙斯神庙周边的野橄榄枝，在希腊人眼中，这是神赐予他们的礼物。颁奖仪式在奥运会的最后一天举办，等到奥运会结束，运动员回到自己的城邦中之后，还会得到来自城邦的丰厚奖励。除了能够得到巨大的荣誉之外，获胜的运动员还会被免除缴纳一切赋税，此后的生活也根本不用发愁了。如果能获得三次以上冠军，运动员的塑像还会被竖立在奥运会场上，以示敬仰。

可惜的是，由于受到时代的制约和宗教的影响，古代奥运会只能由男性参加，而且必须是希腊的自由民才能参加。不仅如此，女性连观看奥运会的权利都没有，违背者甚至会被处死。不过，妇女们为了弥补这样的遗憾，她们后来也举办了属于自己的运动会，即为纪念赫拉而举办的运动会。

公元前 444 年，奥运会又发生了新的变化，原本只有体育竞技项目的奥运会又加入了文艺项目，如唱歌、作诗等。无论如何，从祭奉神灵转变而来的运动会为人类的精神文明作出了巨大贡献，直至今日，奥运会都是全世界人民的盛事。

五、雅典的兴起

雅典是古希腊时期的一个强国，但这个强国的形成可不是一朝一夕的事情，而是经历了长时间的发展与征战，经过鲜血和生命的洗礼才换来的。

（一）

雅典的巅峰盛世

雅典占地面积2500多平方公里，位于希腊中部的阿提卡半岛上，是古希腊较大的城邦之一。雅典城被海水环绕，海产丰富、港口优良，早在新石器时代就有人居住于此。当年特洛伊战争爆发的时候，雅典也作为希腊联军中的一支队伍参加了战斗，不过那时候的雅典不过是众多林立的城邦中的一个“无名小卒”而已。

据说第一位统治阿提卡半岛的是克洛普斯国王，在他的掌管之下，阿提卡半岛上出现了360个氏族，且各个氏族都有属于自己的军事首领。这些氏族分别出自于四个部落，部落下面设3个胞族，每个胞族都由30个氏族组成。

公元前12世纪时，伯罗奔尼撒半岛被多利亚人侵入，致使迈锡尼人不得不向外迁移，有一些迈锡尼人就登上了阿提卡半岛。迈锡尼人的到来使得阿提卡半岛原本稳固的氏族制度受到了冲击，加之随着社会经济的不断发展，贫富分化越来越明显，半岛上开始出现不同的阶级。如此一来，之前势力相当的各个氏族就开始出现分化。

在古希腊神话中，公元前9世纪时，米诺牛被雅典王子提修斯杀死，之后提修斯就成了雅典国王，统一了阿提卡半岛。不过这种说法并没有历史依据。但是阿提卡半岛也的确是被一位强大的国王统一的，在统一之后进行了大胆的改革。在这里，我们就假设这个人是提修斯。

提修斯的改革主要致力于两个方面：一是打破各个氏族独立的状态，一统天下，设置中央政权，实行层层管理制度；二是依据个人在雅典城中的不同职业和地位，把人民划分为三个不同的阶级，分别是贵族、农民和手工业者，其中只有贵族才能参与国家事务的管理。而在政治地位上，雅典人也被分为三个等级：第一等级是自由人，拥有公民权，被允许参与政治活动；第二等级同样是自由人，但是没有公民权，一般情况下是城邦之外的人；第三等级则是在当时并不被看作人的奴隶。

此外，提修斯为了让更多的人参与政治活动，将自己的权力进行了削减。他的此举引来了不少非议，特别是原先的大贵族阶层，对其尤其不满。为此，这些大贵族们联合起来反对提修斯的统治，提修斯也不得不离开了阿提卡半岛。后来，提修斯又不幸在斯基罗斯岛上遭到了暗杀。

雅典的政治制度大改革发生在雅典最后一代国王科德鲁斯战死沙场之后，此后，国王的位置就被雅典人彻底地废除了，取而代之的是一个叫“执政官”的名号。不过，最开始的时候执政官的权力与原先的国王没有太大的不同，因为是终身制且世袭的，继承者也都是科德鲁斯的后裔。直到公元前 752 年，执政官的任期才从终身制改为了十年制。这一时期，执政官仍旧遵循世袭的制度。

几十年过去之后，在公元前 711 年，执政官制度有了质的发展，从此，世袭制废除，选举制开始实行，但候选人只能是贵族阶层。公元前 683 年，执政官制度再次进行了跨时代的改革，任期缩短至一年，此外，在职位的设置上从原先的一名执政官统领事务转变为九名执政官各执一个领域。这种任职制度是相对科学的，它将不同的人放置在不同的领域，提高了执政效能。

九名执政官中有一名是首席执政官，也叫名年执政官，其主要工作内容是解决各个阶层和族群之间的矛盾。第二位执政官负责管理宗教事务，被称为王者执政官。第三位执政官负责军事，相当于现在的军委主席。剩下的六位执政官则全部从事司法类工作。

由于执政官得不到任何工作报酬，所以担任这个职位的人只能是生活富裕的闲暇之人，一般情况下是由贵族把控。当执政官任满一年后，他们就会成为元老院中的一员，负责监督新的执政官。元老是终身制的，他们也有对国家大事的表决权。元老院下面还设有公民大会，其工作内容是向执政官提议案，主要由农民和手工业者组成。不过，公民大会实际上却形同虚设，因为没有实权，也就是走走过场而已。

雅典在发展了两百多年之后，经过对制度的不断完善，其政治经济开始大踏步发展，一举成为古希腊地区的最耀眼的明星。而对雅典城的发展作出突出贡献的提修斯，虽然没能稳住对雅典的统治，但是他的一系列改革却是强有力的，为雅典政治制度的发展奠定了基石，在一定程度上促使雅典走上了古希腊强国之路。

（二）
希波战争

在希腊发展时期，波斯帝国迅速发展壮大，成为当时谁都惹不起的“地方一霸”。波斯帝国是雅利安人中的波斯人尼鲁士二世在公元前 550 年建立起来的，这个游牧民族建立的国家在短短半个世纪的时间里，迅速征服了西起爱琴海、东到印度、北到高加索、南到尼罗河的广大地区，成为了地跨亚非欧三大洲的国家，小亚细亚由希腊人殖民而建的城邦也落入了其手中。

为了反抗波斯的统治，在公元前500年，位于小亚细亚西海岸的希腊人发动起义，同时还向希腊求援，但希腊不想和强大的波斯硬碰硬，大多数的希腊城邦只是持观望态度，只有雅典派出了援军。但这支队伍根本无法和数量庞大的波斯军队抗衡，不久便铩羽而归。随后，波斯军队不断紧逼希腊本土。公元前490年，波斯大军入侵希腊，势如破竹地攻陷了希腊许多城邦。面对波斯的大兵压境，希腊内部展开了激烈的争论，一派主张战斗到底，一派主张赶紧投降以保存实力。

经过一番争论，希腊最终决定抗战到底，雅典和希腊其他各城邦一面抵御波斯军队，一面请求斯巴达的增援。斯巴达是当时希腊最强大的城邦，它的男性公民从7岁开始就要接受严格的军事训练，以打仗为终生事业，战斗力很强。但斯巴达却没有立刻增援，而是说要准备一番才行。雅典只好独自抵御波斯军队，波斯军队认为雅典军队完全不是对手，所以犯了轻敌的错误，开战之后，波斯人才意识到自己想错了，雅典军队虽然人数少，但个个英勇奋战，打得波斯军队丢盔卸甲。雅典军队取得的这次胜利，激发起了希腊其他城邦的信心，坚定了他们联合对抗波斯入侵的决心。

波斯进攻希腊失败后并没有打消其扩张的野心，在进行了几年的休养生息后，公元前480年，波斯大军再次卷土重来，渡过达达尼尔海峡进入欧洲，经过色雷斯进入马其顿，眼看就要占领希腊北部和中部的领土了，不甘被征服的希腊连忙派出联军与波斯大军对抗。这一次是志在必得，波斯派出一百七十万人的军队，战舰数千艘，声势浩大，想要一举将希腊攻下。而希腊也不甘示弱，由斯巴达国王李奥尼达率领了几千人的军队驻守在关口，另外还派出三百艘战舰停泊在海港，阻止波斯军队入侵。

李奥尼达是一个精通军事战术的好将领，他利用有利地形，对波斯军队进行了有力的阻击，令波斯军队寸步难行。眼看这一次的进攻计划又要泡汤了，但是由于希腊联军中出现了叛徒，泄露消息给波斯，波斯军队连夜抄小路绕到了希腊联军的背后，给了希腊联军一个出其不意的打击。希腊联军阵脚大乱，李奥尼达闻讯后，果断将大部分军队撤回以保存实力。随后，李奥尼达带领着几百名勇士和波斯军队英勇作战，但终究寡不敌众，波斯军队夺取了温泉关，挺进到了萨拉米斯岛。

眼看希腊全境就要被波斯占领，为了保卫家园，希腊的男子全部奔赴战场，决心和波斯人决一死战。在海上，希腊军队和波斯军队进行了殊死搏斗，在希腊人使出的反间计下，波斯军队大乱，战舰相互撞击，希腊军队趁机将波斯战舰杀了个片甲不留，挽回了败局。

波斯军队损失惨重，已经无力再战，只好打道回府，计划养精蓄锐之后，再来攻打希腊。但是希腊这次没有给波斯机会，在第二年秋天，希腊陆军最终打败了波斯陆军，将波斯大部分势力驱逐出了希腊。通过这一系列的战争，希腊基本解除了波斯对希腊本土的威胁，但小亚细亚的希腊人仍然处在波斯的威胁下，为了除掉后患，希腊决定将波斯的势力彻底驱逐出爱琴海。

雅典作为主力，将希腊各城邦联合起来，组成了一支更为庞大的希腊联军，共同对抗波斯的入侵。公元前468年，以雅典军队为主力的希腊联军大败波斯海军，令波斯入侵希腊的计划再度破灭。之后，埃及发生了反波斯起义，埃及向希腊求助，雅典便派出了大批兵力前往支援。在公元前454年，波斯大举反攻，希腊和埃及没有抵挡住，被波斯打败，希腊军队只好悻悻而归，希腊派出去支援埃及的军队几乎全军覆灭，元气受到重创，但希腊并没有放弃对波斯的反抗。

在随后的战争中，希腊和波斯均有胜负，最终双方达成共识，同意休战。公元前449年，希腊和波斯签订和约，波斯势力撤出爱琴海，希腊不再开战。希波战争最终以希腊的胜利告终。希腊在这场耗时长久的战争中取得胜利，不仅保障了希腊各城邦的独立，也令希腊确立了在爱琴海一带的霸主地位。

（三）

辉煌的雅典卫城

关于雅典城名字的由来，古希腊神话中是这样描写的：相传在爱琴海边，人们建立起一座新城，雅典娜和波塞冬都想成为这座新城的守护神，二人于是争执起来。为了调解两位女神之间的纷争，众神之王宙斯出面，要求她们分别为人类提供一件最有用的东西，谁的东西最有用谁就是新城的守护神。

宙斯的话音刚落，只见波塞冬用三叉戟在岩石上一敲，一匹战马奔了出来。而一旁的雅典娜在用她的长矛敲击岩石后，上面立刻生长出了一棵橄榄树。波塞冬的战马象征着战争，而雅典娜的橄榄树则象征着和平和丰收。很明显，对于人类来说，战争太残酷了，有谁不渴望和平呢？如此一来，雅典娜就顺理成章地成为了新城的守护神，而人们为了纪念她，就将这座新城命名为雅典，并且在城中栽满了橄榄树。

古希腊的城邦基本上是以卫城为中心逐渐发展起来的，而所谓卫城，也就是修建在山丘上的城堡。山丘的地形易守难攻，还有足够的水，所以卫城大多建立在山丘之上，例如在小亚细亚的希萨里克山上就修建起了特洛伊城。雅典人也不例外，他们一开始也生活在卫城中，后来又向着四周扩散开来，修建了雅典城。

雅典卫城中祭祀着守护神雅典娜，这座卫城建立在海拔一百五十米的高地上，占地面积约 4 平方公里。作为雅典的象征，卫城坚实难攻，在厚重城墙的保护下，要想登上卫城，只能从西侧进入。而在战争期间，想要夺取雅典最关键的就是夺取卫城，后来波斯人就是这样将雅典卫城摧毁的。

卫城起先是王宫的所在地，公元前 16 世纪左右，雅典卫城就在这里出现了，至今已有三千多年的历史。后来随着雅典城的发展，到了公元前 800 年左右，人们的居所逐渐移到了山下，山上卫城也就成了祭祀守护神雅典娜的地方，也是宗教活动的地点。

希波战争期间，雅典卫城被波斯人摧毁，后来又在执政官伯里克利的率领下进行了重建，重建起来的卫城更有气魄了。不仅修起了著名的帕特农神庙（雅典娜神庙）、伊瑞克提翁神庙，还有其他几座神庙也拔地而起，另有众多神像矗立，并建有山门。整座卫城看上去气势恢宏，十分壮观。

从山丘的西侧进入卫城山门普拉比列伊，人们会有一种不对称之感，因为山门左边非常宽，而右边则呈现短小的形状，这种在不对称的结构中寻求均衡感的形式也正是古希腊建筑最辉煌时期的特点。山门右边建有雅典娜·尼克神庙，它与旧山门给人一种视觉上融为一体的感觉。穿过山门，沿着两旁都是高大柱子的中心大道向前走，就来到了卫城的广场，在广场的右侧，修建有著名的帕特农神庙。

帕特农神庙长69.5米、宽30.88米、高20米，呈长方形状，其外廓是大理石柱子环绕起来的长廊，每根石柱都高14米，直径1.5米。帕特农神庙坐落在山的最高处，是雅典卫城的最主要建筑，占地面积也最大，是祭祀守护神雅典娜的主要场所。这里供奉着由著名的雕刻家菲底亚斯雕刻的雅典娜女神像，在通体白色大理石砌成的神庙的映衬下，雅典娜女神显得更加华丽而高贵。

雅典娜的身体用木头雕刻而成，脸部和一些裸露的部分上镶有象牙薄片，眼睛的瞳孔用宝石镶嵌，她的衣服和武器则是用黄金做成的。雅典娜的头盔上雕刻有古希腊神话中传说的三个怪物，胸部饰品是女怪美杜莎的头颅。雅典娜女神左手搭在盾上，盾上刻满了精致的浮雕，右手则托着胜利女神尼凯的神像。

整座雅典娜神像坐落在一个刻有潘多拉出生时情景的浮雕的基座上，仅神像上的黄金就有2000多千克，这些黄金可以拆卸下来，也是雅典城的财政储备。据说雅典娜女神像的花费比她所在的帕特农神庙都要高昂许多，因此雕刻家菲底亚斯也遭到了非议，后来对神像上的黄金进行称重之后才洗脱了他的罪名。

相传帕特农神庙之所以修建得如此豪华，是因为众神从奥林匹斯山上下来的时候都会来这里休息。经过了千百年之后，如今的帕特农神庙已经只剩下高耸着的大理石柱了。自从罗马侵占希腊之后，帕特农神庙就走上了下坡路，不仅价值连城的雅典娜神像被罗马皇帝掠夺走了，神庙还先后被当作基督教堂、清真寺甚至军火库使用，又在17世纪土耳其人和威尼斯人的战争中惨遭炮火的摧残。19世纪初，英国将神庙中残存的雕像偷运回国，现已成为伦敦大不列颠博物馆中的镇馆之宝。

伊瑞克提翁神庙就坐落在雅典娜神庙的对面，相传这里也是雅典娜和波塞冬为争夺雅典守护神而一比高低的地方。伊瑞克提翁神庙在雕刻师的奇思妙想下，将神庙南面的廊柱做成了由六块大理石雕刻成的少女像柱子。由于少女形象轻盈，为了能使其承受巨大的重力，设计师给她们留上了浓厚的头发，这样就使得脖子处足够粗，又不影响美观。

从卫城出来，一路沿着雅典娜大道往山下走，就来到了雅典城中。在雅典城的正中央是一个广场，雅典的城民则围绕着广场居住。在广场上，修建着神庙、议事厅等建筑，也是雅典人平时进行日常交流和商品交易的地方。在议事厅的后面，还修建有火神兼匠神赫淮斯托斯的神庙。每当泛雅典娜节举行游行的时候，人们又会沿着雅典娜大道前往山上的卫城，祭祀雅典娜女神。

据说在雅典城中心的广场上还有许多兑换钱币的商人，因为当时古希腊的各个城邦都使用不同的货币，所以在生意往来上就需要兑换货币。此外，热闹的广场上还聚集着各种各样的人，他们有的是当地居民，在广场上相互交流着日常生活中的琐事；有的则是外国来的游客，他们经常把国外的奇闻带到雅典来；此外，广场上还经常能听到学者和诡辩家的争论，据说苏格拉底就常常来广场上与他人讨论问题。

在西方建筑史上，雅典卫城的意义是不可估量的，坐落在山峰制高点的帕特农神庙如今已成为世界七大奇迹之一。而雅典城的恢宏与富饶，也使其成为当时古希腊其他城邦所争相模仿的对象。

六、雅典城中的动乱

雅典作为希腊历史中最为辉煌的一个代名词，在走上发展壮大的辉煌巅峰时，也迎来了首个低潮。在贵族不断发展的同时，他们对农民的压迫也在与日俱增，农民被无休止的盘剥压得喘不过气来。哪里有压迫，哪里就有反抗，雅典的农民起义开始此消彼长，国内出现了混乱。

（一）

贵族基隆的暴动

野心和欲望能够促使人类不断向前发展，但是稍不留神，就可能使人坠入地狱。在人类发展的历史上，有不少人都将自己埋在了欲望的碎石之下，而雅典城的基隆就是其中之一。

雅典城在贵族政体的统治之下经过了一段繁荣发展的时期，不过由于被统治阶级只拥有很少一部分土地，所以贵族与农民之间的矛盾非常严重。虽然当时有些平民在经商中获得了大量财富，但是他们在政治上仍然没有地位，这导致了这一人群对当时统治者的强烈不满。雅典社会的阶级矛盾仍旧危机四伏。

其实，不光是平民百姓对贵族统治深表不满，在贵族统治阶级的内部，也有一些想要谋取更高权力的人在蠢蠢欲动。在雅典的贵族阶层中，有一个叫基隆的人，他曾经在奥林匹克运动会上夺取过冠军，因此在雅典城中备受尊敬。再加上基隆娶了麦加拉僭主特西阿真尼的女儿，所以他有着坚实有力的靠山。

妻子的背景加上个人的社会威望，这些有利的因素促使基隆很快就在雅典贵族阶层中拥有了一定的影响力，仕途上可谓平步青云。然而，基隆是一个不安于现状的人，他内心的欲望如火一般侵蚀着他的那颗野心，推动着他一步步为自己埋下死亡的种子。能够成为雅典城的最高统治者一直是基隆心中最大的愿望，为此，他不惜一切代价。

聪明的基隆明白，贵族阶级掌控着绝大多数土地，雅典的平民与贵族之间的矛盾是不可调和的。于是，基隆想利用这一尖锐的阶级矛盾将自己送上权力的宝座。基隆利用自身的威望开始在平民领袖那里争取支持，同时，他又联合了一批雅典当地有权有势的人为他提供兵马。最后，基隆还不忘寻求他的妻子和岳父的帮助。基隆向岳父特西阿真尼保证，只要政变取得成功，就会给他一笔丰厚的回报。特西阿真尼想从中牟利，又考虑到自己女儿的安危，于是就答应协助基隆，并且调动了一支军队给他。

这个时候，基隆所获得的支持力量已经足以能让他发动政变了，可是他却迟迟没有行动。由于基隆把自己的前途全部都压在了这一战上，所以他变得非常谨慎，为此，他特意去求了神谕。一日，基隆偷偷前往特尔斐神庙，那里供奉着太阳神阿波罗，据说到那里祈求神的指示非常灵验。当基隆到达神庙之后，他就向神灵询问了让他十分焦虑的事情，即政变能否成功。当女祭司与神灵沟通之后，便把神谕降给了他，说："吉，宙斯之大节日。"

一个"吉"字让基隆激动无比，这意味着政变能够获得成功，可是后面那句"宙斯之大节日"又意味着什么呢？基隆百思不得其解。直到有一天，陷入沉思的基隆突然听到外面乱哄哄的声音，他派人出去打听之后才知道是奥林匹克运动会马上就要举行了，外面的人群正在欢送运动员上奥林匹斯山。基隆听后恍然大悟，奥林匹克运动会不就是"宙斯之大节日"吗？当基隆再想到自己也曾在奥林匹克运动会上夺得冠军时，他对神谕更加坚信了。

基隆迅速将之前准备好的兵力组织起来，准备即刻发动政变。大约在公元前 630 年的某一天，基隆率领着兵马一鼓作气地攻入了雅典卫城。然而，就在他以为即将获得成功之时，原先表示支持他的平民领袖却变卦了，不仅不支持基隆，反而掉过头来反对他。在平民领袖的带领之下，前来的雅典人将卫城包围得水泄不通，基隆和他的士兵们被困在了卫城中。

事态僵持不下，最后平民们都失去了耐心下了山，被困在卫城中的基隆和他的部下此时受到九位执政官等人的包围。可是由于多日被困，卫城中已经没吃没喝，好多人都因此被饿死，于是基隆部队的内部出现了纷争，一些人认为应该斗争到底、夺取胜利，而另一些人则决定放弃。就在大家争执不下的时候，作为首领的基隆却示弱了，他不但没坚持斗争，反而为了保住自己的性命逃跑了。没有了领袖，政变还有何意义？最后，在卫城中的人们向执政官投降了。

执政官答应他们，只要他们投降就可以继续活下去，于是卫城中的叛军投降了。然而，让他们没想到的是，等待他们的却是一场血腥的杀戮。原来，执政官只是用缓兵之计稳住卫城中被困的叛军，待他们表示投降且放松警惕之后又率军攻入，将里面的人全部杀死。执政官的这一行径实际上违反了神庙中不得流血的规定，因此，即便是平定了基隆等人的叛乱，雅典城中仍旧没有得到安宁。

下令在神庙中杀死叛乱者的是执政官美伽克勒斯，他是著名的阿尔克门尼德家族的一员，由于他的行为严重违背了宗教原则，所以激起了雅典百姓的强烈愤怒。阿尔克门尼德家族也被指责为雅典娜女神的罪人。随后，雅典城中又遭遇了一系列的灾难，这使得人们更憎恨阿尔克门尼德家族了。

为了平息雅典娜女神的愤怒，人们放逐了整个阿尔克门尼德家族，可是事后，雅典城中又暴发了瘟疫。为了尽快让雅典城安定下来，人们请了预言家埃皮门尼德，希望在他的一系列宗教措施下，让女神息怒。最终，瘟疫得到了控制。人们为了感谢埃皮门尼德，决定赠送给他很多财富，不过，埃皮门尼德却只带走了一棵象征着和平的橄榄树。

（二）

“德拉古式”法律

在基隆暴动被平定之后，雅典社会并没有因此平静下来，相反，由于贫富分化越来越严重，再加上贵族阶层对平民变本加厉地剥削，雅典社会矛盾更加尖锐，危机四伏。

当时在土地问题上，雅典平民面临着极大的困难。由于大量土地被贵族所占有，很多农民都失去了属于自己的土地，为此，他们不得不在贵族的土地上劳作，并向贵族支付地租。因为地租繁重，很多农民都交不起，这就直接导致他们丧失了人身自由，与家人一起沦为了贵族的奴隶。按照当时雅典社会的习惯法约定，只要农民交完地租，就可以赎回自由之身。然而，这基本上是不可能的事，在利滚利之下，他们的债务只会一年比一年多，更别提赎回自由身了。

在平民备受生活之苦煎熬的同时，贵族却变本加厉地寻欢作乐，甚至将平民作为取乐的对象。在贵族的践踏之下，平民在物质和精神上都遭受了极大的痛苦，在平民的忍耐中，在贵族无限度的放肆之下，雅典的社会矛盾越来越深重。实际上，平民除了要遭受贵族的压榨和侮辱之外，还要忍受政治上的被歧视。

在一个没有法制的社会中，社会治安往往依靠习惯法的约定来裁判。可是在那样一个没有公平可言的社会中，贵族阶层势力的联合和官官相护，使得平民落到了有冤无处伸的境地。在如此残酷的社会环境中生存，很多平民被逼入了绝境，他们为了求得一些口粮，不得不进行偷盗，有的甚至开始劫富济贫，在愤怒之中将贵族杀死。

除了平民与贵族之间不可调和的矛盾，贵族与贵族之间也时常为了争夺权力而进行斗争，整个社会陷入了动荡不安的局面。此时，雅典人非常需要一部成文法来维护社会治安，保护人们的人身安全和利益。在贵族看来，他们十分担心压迫会导致平民不断地发起暴动，威胁他们的统治，于是他们决定推举一个人出来主持立法。

在当时雅典的六位掌管司法的执政官中，有一个叫德拉古的人，他在雅典社会中的威望较高，被赋予了制定法律的重任。公元前621年，由德拉古主持整理的法典出台了，这是雅典的第一部成文法，在法律发展的历史上具有非常重要的意义。可惜，这部立法并没有保护平民的利益，它所保护的对象仍旧是贵族。

《德拉古法》将当时雅典社会上的习惯法变成文字确立了下来，例如欠债不还者将会沦为债权人的奴隶。在对其他社会治安问题的裁定上，《德拉古法》更是异常残酷，甚至将偷盗与杀人等重罪并于一等，全部判处死刑。更令人瞠目的是，连“懒惰”都构成了犯罪。在被问及为何大罪小罪统统都要被处死刑的时候，德拉古说，这是因为他还没想到比死刑更重的刑罚，所以只好将犯下大罪的人也处以死刑。

然而，也正因为此，人们才觉得无论是偷鸡摸狗还是杀人放火，反正最后的下场都一样，所以不如铤而走险，也许能侥幸逃过一劫；如果不能，同样都是送命。在这种思想的促使下，为了维持生存，触犯《德拉古法》的人越来越多，且犯罪行为越来越严重，使得雅典社会顿时陷入一片混乱之中，这恐怕是德拉古在制定法律的时候未曾想到的。

公元前5世纪左右，德拉古的法律条文曾被人们刻在了石碑上。其中一条内容是关于对过失杀人者的判定的，大概是：过失杀人者本应判处被流放，但是也有不被流放的可能，前提是罪犯的直系男性亲属全部同意将其赦免。当然，如果罪犯没有直系男性亲属，那么也可以经过旁系男性亲属的同意。如果连旁系男性亲属都没有，还可以从他所在的氏族中选出十位男性来作为他的审判人。

这条法律看起来似乎充满了人情味，实际上是为了保护当时滥杀无辜的贵族而制定的，在没有立法之前，这条法律可能是习惯法，但是当德拉古将其固定下来之后，贵族就更加肆无忌惮地“过失”杀人了。残酷的《德拉古法》在当时人们的眼中根本就是用血水写出来的，这些法律条文并没有很好地保存下来，刻着条文的石碑也被人们毁掉了。因为条文所规定内容超出了人们的想象，残暴无比，所以“德拉古式”法律也成了人们用来形容专横冷酷法律的代名词。

（三）

雅典的“救世主”

德拉古立法之后，雅典社会动荡不安的状况并没有得到丝毫缓解，老百姓的生活并没有因此而有所改善，社会矛盾反而变得更加尖锐。为了争取更好的生活和更多的权利，雅典百姓们的起义运动日益频繁，令贵族很是头疼，他们派出兵力前去镇压，但并不能解决根本问题，往往是当权者刚把这边的起义镇压下去，那边的起义又更加猛烈地爆发了。

贵族与百姓之间的争斗愈演愈烈，相比于那些纸醉金迷、成天醉生梦死的雅典贵族，在雅典城内，绝大多数人还是普通百姓。贵族们生活无忧、奢靡无度，靠着剥削老百姓度日，而老百姓的日子却是过得苦不堪言，辛辛苦苦劳作一年，到头来收上来的粮食一大部分都要交给贵族，还要承担沉重的赋税。不仅如此，一旦遇到青黄不接的时候，没办法生活下去的老百姓只好向贵族借高利贷，如果到期还不上债务，贵族就强迫平民把自己的土地抵押，以偿还高额的利息。没有了土地，老百姓的生活就更没有保障了。

为了继续生活，老百姓就只好卖身还债，当一辈子奴隶，永远没有出头之日。这样的苦日子和德拉古立法之前相比并没有什么两样。对无法还清奴隶主的钱财的老百姓，奴隶主就有权在一年后把欠债人一家老小作为奴隶卖到异邦。雅典的老百姓在生活上无法得到保障，经济上不能独立，政治上也没有立足之地。

这正合了雅典贵族们的心意，雅典的老百姓不参政，这样就不会干扰贵族们在政治上做出任何决定。老百姓虽然是雅典名义上的公民，但他们在政治上丝毫没有发言权，整日只顾得上为生计发愁。那些身居高位的贵族们衣食无忧，根本不管底层民众的死活，他们制定的法律只是维护他们自己利益的工具。

在重重矛盾激化的情况下，为了维护自己的统治，贵族们更不可能让老百姓参与政治，以防他们翅膀硬了推翻自己的统治。贵族们公开鄙夷底层民众，对他们陷入贫困视而不见，而那些从底层奋斗上来的，已经脱贫致富的民众，虽然有了钱，社会地位有所提高，但依然无法参与政治事务，他们因为出身而难有机会表达政治诉求。

贵族们就这样将全部的政治权力握在自己手中，坚决不给雅典民众一点机会，他们甚至“预定”了执政官以及元老院成员的各个位置。所以，雅典的底层民众想要改变自己的命运，就不能等待贵族“施以援手”，只能靠自己奋斗了。就这样，雅典的平民为了维护自身的利益，站到了贵族的对立面。

德拉古之前平息了的矛盾，又激烈起来，这时的雅典已经处在风口浪尖，平静的表面下是暗涌的波涛。雅典的贵族们也意识到了这一点，他们也希望能出现一个人来调节矛盾，改变目前矛盾严重激化的现状，于是，诚实勇敢、足智多谋的梭伦便这样被共同推举了出来，成为了拯救雅典的“救世主”。

七、梭伦改革

梭伦是一个多才多艺的人，他经商才能惊人，文学才华也很出众，号称“雅典第一个诗人”。在雅典危难之际，他毅然挺身而出，挑起了解决雅典社会危机的重担。梭伦用他的睿智头脑和远见卓识，带领雅典走出了困境，走向了强盛之路。

（一）

“英雄”初养成

梭伦于公元前638年出生在雅典的一个贵族家庭，他的父亲埃克塞凯斯提德斯乐善好施，常常帮助穷人，而他本人又不善经营，以至于在梭伦年幼时，便经历了家道中落、入不敷出的窘境。为了维持家庭用度，也为了增长见识，梭伦很年轻的时候便外出经商，贴补家用。梭伦虽然在商业经营方面展示出了惊人的才能，但他的人生志向并不在于经商，他也不在意赚钱的多少，对他来说，经商只不过是为了解决家庭经济困难，他曾说过：“我想有财富，但用不正当的方法取得它，我不愿意；正当的方法虽然慢，可是稳当。”

对于梭伦来说，游历四方，见识各地的风土人情，与不同的智者聊天，增长见识，这才是他的目的。梭伦在经商的那些年里，几乎跑遍了整个希腊。随着商队所到之处，梭伦详细地考察了各个城邦的政治制度、风俗习惯，还结识了古希腊著名的哲学家、科学家泰勒斯等人。在这个漫长的游历过程中，梭伦目睹了希腊老百姓艰难的生活现状，也亲身体会到了老百姓和贵族之间的对立，这令贵族出身的梭伦对自己的身份进行了重新思考，他逐渐厌烦了贵族们那副不可一世、高高在上的嘴脸，更加喜爱和雅典的老百姓在一起聊天。

梭伦逐渐在雅典老百姓的心目中有了地位，雅典百姓认为梭伦是一个与众不同的贵族，他平易近人，而且很有才干，最重要的是梭伦很体恤雅典百姓，他一直在反思着雅典的贵族寡头政治。真正令梭伦崭露头角的是一场战争。

当时雅典正为争夺萨米拉岛与邻邦墨加拉闹得不可开交。萨米拉岛是雅典对外贸易的重要中转站，如果失去了萨米拉岛，对于雅典来说，不论是政治还是经济方面，都将遭受重大的影响。雅典虽然多次出兵，企图夺回萨米拉岛，但每次都无功而返，屡战屡败。雅典的当权者为了稳定民心，维护自己的统治，不想再派兵去夺回萨米拉岛，还下令禁止任何人提起萨米拉岛，违者处死。雅典人对这条荒谬的丧权辱国的法令感到愤怒，但是谁也不敢站出来反对。

梭伦听说这个消息后，迅速赶回了雅典，和朋友商量如何敦促雅典的掌权者废除这条法令，并派兵前去夺回萨米拉岛。但梭伦也不敢公然违抗那条法令，以免被处死。想来想去，他想出了一条计谋：装疯。疯子不是正常人，不具备正常思维，就算说出些“疯言疯语”，也不会被定罪。

梭伦先是在家装了几天疯，成天做一些稀奇古怪的事情，然后亲戚朋友都知晓了梭伦疯了的事情，没过几天，梭伦疯了的消息便传遍了雅典。随后，梭伦头戴花冠，跑到了市场上，站在传令石上，当众朗诵他为萨米拉岛写的诗歌，他在诗歌中写到丧失了萨米拉岛的种种坏处，同时号召大家到萨米拉岛去战斗，为了雅典战斗。梭伦的当众演讲感染了不少人，大家的爱国热情被激发出来，群情激奋。看到时机已到，“潜伏”在观众中的梭伦的朋友们纷纷鼓掌，要求废除那条法令。

在雅典公民的支持下，那条法令被重新拿到会议上研究。为了说明夺取萨米拉岛是正义之战，梭伦翻阅了许多文献资料，提出了很多证据，证明萨米拉岛是雅典的领土。最终，在梭伦的机智应对下，雅典当权者废除了那条法令，与墨加拉重启战端。公元前 7 世纪左右，梭伦被任命为前线指挥官，率领军队向萨米拉岛开战。梭伦不负众望，成功夺回了萨米拉岛，为雅典挽回了颜面。大胜归来的梭伦成了雅典民众心目中的英雄，大家夹道欢迎，对他欢呼致敬。梭伦赢得了雅典民众的信任和喜爱，而贵族们对梭伦也很欣赏和信任，因为梭伦出身贵族，他们认为梭伦一定会站在贵族一方，维护贵族的利益。于是，在公元前 594 年，年轻有为的梭伦被推举为首席执政官。

（二）

为平民“代言”改革

梭伦当上首席执政官后，面对雅典的种种社会矛盾和社会危机，想出了一系列的改革措施。公元前 594 年，梭伦来到广场上，宣读他制定的各项改革法令，他宣布：“此法律的有效期为 100 年。”一时间掌声雷动，整个雅典城被一片欢呼声笼罩。梭伦制定的法令主要是为雅典平民服务的。梭伦认为雅典最迫切需要解决的是平民的债务问题，针对时弊，梭伦采取的第一项改革措施就是颁布“解负令”。

所谓“解负令”，也就是废除债务法。禁止在放债时以债户的人身作抵押物品，拔除竖立在田地中的“债奴碑”，取消“六一农”制，所有债契全部废除，被抵押的土地归还原主，已经被卖到国外当奴隶的老百姓由国家出钱赎回。

这条法令一经推出，便受到贵族的坚决反对，为了让这条法令能够执行下去，梭伦带头放弃了别人欠自己家的债，给所有贵族做了个榜样。看到首席执行官都已遵照法令行事，其他贵族也只好效仿起来。

第二项改革措施便是废除德拉古制定的严苛法律，只保留了关于谋杀罪的条文。梭伦认为德拉古制定的法律并不适合雅典，德拉古制定的法律太严苛了，如果一直执行下去，会对雅典社会造成越来越坏的影响。他着手制定了一部更加适合雅典的新法律，主要原则就是宽严相济、刚柔并施。

第三项便是经济改革，实行了货币改革、度量衡制度的改革等措施。梭伦认为光“减负”还不够，想要真正卸下雅典民众肩上的沉重负担，就一定要让他们拥有自己的财富，所以，他大力发展海外贸易，鼓励出口橄榄油、限制谷物输出等，鼓励雅典民众经商致富。在梭伦设置的种种优厚条件的吸引下，雅典民众纷纷进行商业活动，使雅典的经济繁荣起来。另外，梭伦还规定雅典的每一个人都要有一技之长，没有谋生手段的人，将会受到法律的惩罚。

雅典的民众在梭伦制定的一系列改革措施下翻了身，他们解决了温饱问题，生活质量也有所提升。同时，梭伦还重新划分了公民等级。在此之前，雅典的人分为贵族、农民和手工业者三类，农民和手工业者的地位很低，一直都希望能够提高自己的社会地位。梭伦为了满足雅典平民的愿望，将所有的雅典公民重新划分为四个等级。第一等级是“500 麦斗级”，也就是年收入达到 500 麦斗以上谷物或者相应数量的葡萄酒、橄榄油的人；第二等级是“300 麦斗级”，也就是年收入达到 300 麦斗至 500 麦斗的人，因为骑士大多出于这个阶层，所以也称为“骑士级”；第三等级是“双牛级”，也就是年收入达到 200 麦斗至 300 麦斗且能够养得起两头牛的人；第四等级是“日佣级”，也就是年收入在 200 麦斗以下的人，大多是收入极少的雇工。

等级越高，享受到的政治权利也就越多，第一等级和第二等级的人可以担任一些职位比较高的官职，第三等级只能担任低级官职，第四等级的人虽然不能够担任官职，但也可以作为陪审员来参政，比之前享受到的政治权利要多一些。梭伦还恢复了公民大会，创立了四百人会议和陪审法庭。

梭伦改革了雅典的制度，原先被贵族“垄断”的特权逐渐也能流到平民手中。在梭伦改革以前，公民大会只是国家名义上的最高权力机关，是被贵族们控制，只为贵族利益说话的机构；梭伦改革之后，雅典城里的大小事情，由全体公民决定，公民不论贫穷富贵，都可以参加公民大会。为了保证公民大会的公平公正性，梭伦设立了陪审法庭，规定每个公民都可以成为陪审员，协助法官处理案件，后来，陪审法庭成了雅典的最高司法机关，是司法制度走上民主道路的开端。

梭伦的改革涉及社会制度的方方面面，他制定的一系列法律规定都刻在石板上，放在可以转动的长方形框子里，放置在广场上，让所有雅典人都可以看得到，并规定在梭伦之后的每一届司法执政官都要按照这些法律来管理雅典。梭伦改革令雅典社会走上正轨并良性地发展，梭伦也更加奠定了他在雅典人民心目中的崇高地位。

(三)

功成身退的“诗人”

梭伦的改革总体来说是很成功的，帮助雅典平民摆脱了债务的奴役，令平民的生活有所改善，还令民主体制在雅典初步建立起来。梭伦之所以能够取得这样的改革效果，与他的推行手段很有关系。梭伦虽然主张遏制贵族的权力，帮助平民取得利益，但他从不将事情做绝，他认为“我拿着一只大盾，保护两方，不让任何一方不公正地占据优势”，梭伦一边支持着雅典平民的利益，一边又不会极大地损害贵族的利益，当雅典的底层民众要求梭伦用暴力处置贵族、分割贵族的土地时，梭伦并没有答应。

不过，历史上的每一场改革都不可能将社会的全部问题解决掉，虽然梭伦的改革令雅典有了很大的起色，但梭伦提出的一些政策也引发了很多人的不满。比如“解负令”的颁布，的确缓解了人民的负担，但也令一些人浑水摸鱼。在颁布“解负令”之前，梭伦曾向他的一些朋友透露过“解负令”的内容，想要征求他们的意见，但令梭伦没想到的是，一些朋友居然从中看到了“商机”，他们偷偷地从有钱人那里借了一大笔钱购置了大片土地，然后在“解负令”颁布之后，堂而皇之地拒绝还债。

这件事情后来被梭伦得知，他处罚了那些投机取巧的人。但这件事也让梭伦被人们所误解，人们认为梭伦是联合那些人一起干了这个勾当。虽然后来经过调查，证明了梭伦的清白，但也让梭伦的声誉受到了影响，令他在执行改革措施的时候，遇到了不少的阻力。

还有就是梭伦的立场问题，也为他的改革带来了波折。虽然梭伦对雅典的一系列改革使广大平民获得了巨大的经济和政治权利，但是梭伦毕竟出身贵族，他采取的中庸改革风格，也令他不可能完全站在广大下层平民一边，满足雅典平民的所有要求。梭伦改革的许多措施都是保护发展工商业和有益于商人的，商人的地位在改革后大大提高，这令贵族的利益受到了损害；梭伦改革没有完全摧毁贵族的特权，也没有将广大的雅典公民的社会地位提升得更高。所以，梭伦改革虽然是取得了一些成效，但到了改革的后期，无论是广大平民还是贵族，都对梭伦有了很大的意见。很多人找到梭伦，要求他修改法律，但梭伦不愿意屈服，他将这些要求一一拒绝了。

梭伦认为改革是需要时间的，他在执政官任期满了的时候，为了躲避贵族和平民施加的压力，借口到国外考察，乘船出国避风去了。梭伦游历了很多地方，见识了许多奇闻逸事。等他结束游历，回到雅典的时候，雅典正发生激烈的内部斗争。梭伦对于政治斗争不感兴趣，没有参与其中，晚年的梭伦退隐在家，专心研究学术知识和著述，不过，梭伦没有来得及完成这些计划之中的著作，便在公元前560年去世了。他的遗体被火化，骨灰撒在了他曾为之战斗过的萨拉米岛上。

梭伦不仅是一个出色的商人，而且是一个出色的政治家，他在文学方面的素养也很高，他为雅典作出的贡献，令他永远活在雅典人民心中。

八、改革“后遗症”

梭伦进行了一番大刀阔斧的改革之后，希腊的发展进入了平稳时期，政权集中在当权的贵族手中，政局相对比较稳定。随着社会的安稳，掌握政权的贵族当中出现了不同的派别，各自有着各自的利益，争权夺利的现象不可避免地再度上演。

(一)

激进派：庇西特拉图

在梭伦统治雅典的时期，在政治上出现了三个派别，分别是平原派、海岸派和山地派。平原派的首领叫吕库古，他们主要由平原地区的贵族构成；海岸派多为从事海上贸易的工商业者，他们的首领就是曾经冒犯雅典娜女神的阿尔克门尼德家族的美伽克勒斯，这个家族被放逐之后美伽克勒斯又重新回到了雅典；而山地派则主要由农民和手工业者等平民构成。

山地派人民由于长期受到贵族的压迫，内心对贵族的怒火非常强烈，对社会的不满也异常深重，他们由于具备这一特点，被贵族出身的庇西特拉图看中了。庇西特拉图生于公元前7世纪左右，他和当时的统治者梭伦是堂兄弟，二人各有专长，梭伦才智过人，而庇西特拉图则更具有野心。由于庇西特拉图十分关心山地派的疾苦，再加上他出色的表现，很快，他就成了山地派的领袖。

不过，对于庇西特拉图究竟为何要倾向于山地派，有两种不同的说法。一种是说他发自内心地对平民生活的困苦感到担忧，有意要站出来为社会底层的人民鸣不平；但是也有人说他只是看中了山地派在社会阶层中的特点，并且利用他们对贵族阶层的反抗之心，利用这一人数众多的群体帮助自己登上权力的高位。

对于僭主政治，德高望重的梭伦一向是表示反对的，所以当有人提议让他当雅典的僭主之时，他便毫不犹豫地拒绝了。雅典社会三个派别的争斗在梭伦离开之后变得异常激烈，甚至时常发生暴力事件。梭伦再次回到雅典之后，虽然也曾努力地从中调解，但是没有什么效果。而这一时期，野心勃勃的庇西特拉图已经开始谋划他的夺权之路了。

身为庇西特拉图的兄长，梭伦看出了他想当僭主的野心，也曾多次对他进行劝阻，但是庇西特拉图都不以为然。他不断地壮大自己的势力，另一方面，还在民众中开始树立自身廉明、威武的形象。久而久之，庇西特拉图在雅典的声誉越来越好。在庇西特拉图看来，是时候让他登上雅典僭主之位了。

庇西特拉图着手行动了。一日，他驾着车来到了雅典城的广场上，身上的伤口正在流血，在场的人们都围过来看着他。就在人数聚集得越来越多的时候，庇西特拉图大声地对着人群说："我为了给大家争取权利费尽了心思，如今却遭到了来自政敌的谋害，天理何在！"由于在场的群众都不知道事情的原委，所以都纷纷表示支持庇西特拉图，而就在此时，梭伦却站出来揭穿了庇西特拉图。

不过，由于庇西特拉图在群众中的威望很高，所以更多的人都选择相信他。当然，也有少部分人不相信庇西特拉图的诡计，然而却出于惧怕不敢站出来反对他。正如庇西特拉图后来所说，他比相信他的人聪明，又比不相信却又害怕他的人勇敢。为了支持庇西特拉图，在场的群众当场同意他拥有自己的卫队，人数为五十人。事后，庇西特拉图不断地增加兵力，他的军事力量愈加强大。

之后，庇西特拉图率军一举攻占了雅典卫城，实现了他当僭主的理想。庇西特拉图成为僭主之后，由于海岸派和平原派对他的统治非常不满，所以没过多久他们就联合起来将他推翻了。不过海岸派与平原派本身之间也是矛盾重重，在推翻庇西特拉图的统治之后，他们之间又开始了争斗。曾在庇西特拉图当上僭主之后就逃离雅典的美伽克勒斯此时又回来了，由于与平原派的矛盾，他想联合庇西特拉图的力量，于是将自己的女儿嫁给了庇西特拉图。在美伽克勒斯的帮助下，庇西特拉图重新夺回了政权，第二次当上了雅典僭主。

实际上，庇西特拉图也一直是在利用美伽克勒斯，当他再次当上僭主之后，很快就抛弃了美伽克勒斯的女儿。庇西特拉图的行为遭到美伽克勒斯的嫉恨，他很快就联合了平原派又将庇西特拉图从僭主的位置上赶了下来。庇西特拉图逃离了雅典，但是他没有就此认输，而是全心经营矿藏，储备资金扩充军队。

卧薪尝胆十年之后，庇西特拉图率军再次攻入雅典。为了保证自己这次能够成功地夺取政权，庇西特拉图事先找了一个神似雅典娜女神的美女，让他出现在战车上，当雅典民众看到这位女子之后便相信了她就是雅典娜，于是纷纷对庇西特拉图表示支持。庇西特拉图终于第三次当上了雅典僭主。

为了自己当僭主的理想，庇西特拉图两次失败、三次成功，在这最后一次夺取政权之后，他稳坐江山二十年，直到病逝。而在他统治雅典的二十年间，经过一系列的利民改革，雅典社会经济发展达到了新的高度。庇西特拉图对雅典的改革是全方位、多方面的，不论他在夺取政权时的手段多么激烈，但是在当上僭主之后，他却采取了较为温和的改革措施。庇西特拉图并没有将梭伦赶出雅典，相反，他对梭伦以礼相待，在很多方面都求教于梭伦。

庇西特拉图对法律极为尊重，任何事情他都遵从法律条文，连对自己都不例外。庇西特拉图知道，是人民的力量帮助他当上了僭主，因此他必须回馈人民，不然就会被人民再次推翻。庇西特拉图上任后首先打击的就是贵族阶级，这直接导致了很多贵族被放逐，而他们留下来的土地则分给了农民。与此同时，庇西特拉图降低了农业税，对于资金短缺的农民，他还提供贷款。为了保护农民的权益，庇西特拉图还增设了专门处理农民纠纷的巡回法庭。

在雅典城的建设上，庇西特拉图也是费了一番功夫，他不仅解决了城内供水不足的状况，还下令开凿了一条水渠。在海洋事业上，庇西特拉图加大了对外贸易的力度，将雅典的精美物品远销至国外。为了便于海上运输和海军力量的扩大，造船业获得了突飞猛进的发展。此外，在文化的发展和交流上，庇西特拉图也为雅典作出了极大的贡献。

公元前527年，庇西特拉图离开了人世。他的子孙未能继续他开明的统治事业，最终被人民从僭主的位置上赶了下来，终结了庇西特拉图的僭主政体。

（二）
平民派贵族：克利斯提尼

庇西特拉图去世之后，他的后代希庇亚斯当上了雅典僭主。然而，他却一改庇西特拉图的温和统治，对雅典人民采取了高压政策，不久之后就遭到了雅典人民的嫉恨。就在这个时候，一个叫克利斯提尼的人看准了机会，决定伺机将希庇亚斯政权推翻。

克利斯提尼是阿尔克门尼德家族的一员，当他的曾祖父美伽克勒斯触犯了宗教原则之后，他也随着家族被放逐出了雅典。野心勃勃的克里斯提尼时刻不忘自己要返回雅典的决心，在外流亡的他无时无刻不在关注着雅典城内的政局变化。不过，克利斯提尼知道以自己的实力单独起兵是不可能取得胜利的，于是他想到了借力斯巴达。为此，克利斯提尼还真下了一番功夫。

当时雅典的国力非同小可，虽然斯巴达在推翻僭主的战斗上非常有经验，但是他们仍然不敢轻举妄动。为了辨明方向，也为了求得安心，斯巴达方面就派人前往特尔斐神庙寻求神灵的帮助。然而，斯巴达人并不知道，神庙中的女祭司早被克利斯提尼拿钱收买了。在与神灵沟通之后，女祭司向斯巴达人传达了一个要“解放雅典”的神谕。得到了神谕之后，斯巴达人放心了，他们决心向雅典发起进攻。

斯巴达人以迅雷不及掩耳之势将僭主希庇亚斯赶下了台，之后斯巴达人也从雅典撤走了。由于在这一场战争中立下了大功，克利斯提尼准备自己做雅典城的新统治者。然而，让克利斯提尼没有想到的是，当他等待着成为新的雅典首领之时，他的对手伊萨哥拉斯却抢先一步当上了执政官。

为了防止克利斯提尼率领雅典民众将他驱赶下台，伊萨哥拉斯这次又找到了斯巴达人，要借用斯巴达人的力量将克利斯提尼从雅典驱逐出去。于是，斯巴达人借口克利斯提尼是阿尔克门尼德家族的后代（被雅典娜女神诅咒的人）不应对雅典内政进行干涉，克利斯提尼被迫逃出了雅典。

虽然伊萨哥拉斯成了雅典的新统治者，克利斯提尼也被赶出了雅典，但人民的眼睛是雪亮的，他们知道谁才是真正的开明者。再加上伊萨哥拉斯的统治不得民心，于是雅典人联合起来，将伊萨哥拉斯赶下了台，同时也将斯巴达人驱逐出了雅典。之后，雅典人邀请克利斯提尼重返雅典。

公元前 507 年，克利斯提尼终于在雅典人民的见证下成了雅典首席执政官。克利斯提尼是一个很有反思能力的领导者，他知道什么叫“得民心者得天下”，于是，他就像庇西特拉图那样制定了一系列的改革措施。为了稳固自己的统治，尤其是防止贵族阶层的叛乱，克利斯提尼组建了十个地域部落，打破了传统的以血缘为基础的部落格局，避免产生世袭的政治团体。

与此同时，克利斯提尼又将阿提卡地区分成了三十个区域，雅典城、内陆和沿海各十个，又从每一个区域中抽取了一个新的部落，部落下设很多村子，村子中居住的人口必须进行登记，外来居住人口也不例外。这种制度就相当于我们现在的户口登记制，方便了当时的雅典政府统计人口和规划公共事务，在征兵时也很容易掌握成年男子的分布情况。至此，贵族世袭制度名存实亡了。

克利斯提尼的第二项改革是针对议会的，他将原先的四百人议会又增加了一百人，成为五百人议会。因为人数很多，又依据部落将人数分成十组进行轮值，负责召开公民大会以及处理日常行政事务。这样一来，原先只是走走过场、实际并没有什么权力的公民大会，在克利斯提尼的改革下就有了自身的使命和任务。

克利斯提尼的最后一项改革是成立将军委员会，从每个部落中选出一人，共同组成将军委员会。将军委员会的成员负责在战争时期向雅典军队提供士兵，而在没有战争的时期，将军就以头领的身份对士兵进行训练和管理。将军委员会的诞生，使得由部落选举出来的将军拥有了实际的权力，加上选举制的实行，贵族的特权被大大地削减了。此外，为了防止有人伺机发动政变，克利斯提尼还发明了“陶片放逐法”。

就像庇西特拉图一样，克利斯提尼也站在了平民的一边，他的一系列举措都使得贵族阶层极为恐慌，为了保护自身的利益，贵族们联合起来向斯巴达求助。当时的斯巴达国王克里昂米尼也想让伊萨哥拉斯再次当上雅典僭主，所以就答应了雅典贵族们的请求。随后，斯巴达国王联合其他一些城邦，一同攻到了雅典城下。

在这种不得已的情况之下，克利斯提尼只得离开了雅典。可就在这个时候，与斯巴达一同攻打雅典的城邦又不愿意斯巴达在拿下雅典之后势力大增，于是纷纷退出了战争。后来，斯巴达的内部也起了争执，最后不得不退出了雅典。斯巴达人撤出了雅典之后，克利斯提尼又回来主持雅典政权。

再次登上首席执政官位置的克利斯提尼对斯巴达的戒心更大了，为了防止斯巴达再起贼心，他选择与波斯结盟。于是，克利斯提尼答应了波斯人的条件，使雅典沦为了波斯的附属国。对于克利斯提尼的这一做法，雅典人民是极力反对的，于是根据“陶片放逐法”，人民将克利斯提尼驱逐出雅典，他也因此成了被“陶片放逐法”逐出雅典的第一人。

九、强悍大国斯巴达（上）

在希腊的历史上，提到雅典，就不得不提斯巴达，斯巴达是与雅典并驾齐驱的城邦，它们是希腊历史上两颗璀璨的珍珠。斯巴达可以算是希腊历史上很有特色的一个大国，军事力量强大得出奇，多次在战争中捍卫了希腊的利益，维护了希腊的安全和领土完整。但同时，斯巴达又严谨地保留着自己民族的传统，整个国家朴实低调。

（一）

斯巴达的建立

公元前12世纪，迈锡尼文明在多利亚人的入侵下付诸东流，从希腊北部而来的多利亚人长驱直入，一直占领了伯罗奔尼撒半岛。多利亚人的队伍分为三股力量，分别由三个兄弟所率领，在登陆伯罗奔尼撒之后，他们就瓜分了半岛的土地，将半岛分成了三个国家，分别是拉哥尼亚、美塞尼亚和阿尔戈斯。

一个世纪之后，拉哥尼亚地区在多利亚人的建设下兴旺了起来，这里成立了大大小小许多国家，经过时间的沉淀，一个原本并不起眼的小国在拉哥尼亚地区迅速强大了起来，它就是斯巴达。斯巴达的地理位置相当优越，它位于河谷腹地，且四周被群山环绕，易守难攻。

为了使拉哥尼亚地区安定下来，强大的斯巴达人开始实现自己的统一战略。由于这个地区各个国家之间纠纷不断，于是斯巴达人利用这一点很快就展开了征服之战。公元前8世纪，斯巴达人凭借自身雄厚的军事力量终于将拉哥尼亚地区全部占为己有。

在统一拉哥尼亚地区期间，斯巴达当时的领袖索奥斯可谓倾尽了全力，留下很多广为人知的故事。相传，索奥斯在一次征战中被敌人困在了一个山谷里，因为没有食物和水源，他手下的战士们一日比一日虚弱。为了活命，索奥斯向敌人发出了挑战，他说，假如他和他的手下都饮用了附近的泉水，那么他将会让出所有自己已经占领的土地。敌人幸灾乐祸地认为索奥斯一行人不可能坚持下去，于是同意了这个条件。接着，索奥斯在对敌人说出那一番承诺之后又对自己人说了一番话，他说，假如大家能够坚持住不饮用这里的水，那么坚持到底的那个人就能得到他的王位。然而，烈日炎炎，战士们是不可能不喝水的，一个接一个的士兵都因为忍不住饥渴而最终喝了山泉水，等到全部的士兵都喝足了水之后，索奥斯便宣布迅速逃离山谷。士兵们因为喝了山泉水振作了起来，有了足够的力量逃离困境，而身为首领的索奥斯也没有因为此前说出的一番话惩罚手下人，这为他赢来了更多的尊敬。那一番欺骗敌人的话，索奥斯当然也没有兑现。后来，索奥斯成功地率领自己的队伍逃离了险境，他在遇到困难时所表现出来的英勇与机智广为斯巴达人赞扬。

在政治体制上，没有进入奴隶制社会之前，斯巴达由三个部落组成，每个部落都有属于自己的首领，并且拥有同等的权力。这是一种军事上的民主制度。不过，后来这种制度被以血缘关系为基础所建立起来的氏族制度取代了，氏族制度的开始也意味着斯巴达进入了奴隶社会。

进入奴隶社会之后，斯巴达就成了一个真正意义上的王国，实行“双王制”，即一个国家两个国王，这两个国王各有分工，相互牵制。不过，对于王权的统治，斯巴达的贵族阶层越来越不接受，拥有大量财富的他们希望在政治上能获得一定的权力。于是，贵族们联合起来对独裁的国王作出了权力限制，他们成立了议会，使得王权落空，空有其位。

在国家基础设施的建设上，斯巴达历来秉承着简洁朴素的风格。他们从不修建豪华的屋舍，也没有什么整体的城市规划。虽然身为古希腊地区最大的城邦，但是整座城市都盛行着一股勤俭之风。在这一点上，斯巴达与雅典形成了鲜明的对比。

在与外界的交流上，斯巴达有着自己的传统。一方面，他们严格控制外来思想的侵入，始终保持着自己国家的传统，特别体现在各种制度的延续和保留上。而另一方面，斯巴达又盛产金属，以金属为原料制成的器具非常精美，这种金属器具的出口在某种程度上支撑着斯巴达的经济发展。同时，斯巴达的粮食生产又是自给自足的，因为地域广阔，粮食收成足够自己的人民享用。

话虽如此，斯巴达的军事传统却让这个国家走上了扩张之路。由于斯巴达人对从事战士之外的职业丝毫不感兴趣，甚至认为是耻辱，所以大量的耕地都无人耕种，时间久了，粮食供给出现了困难。为了更好地发展军事力量，斯巴达人便将目光投向了美塞尼亚地区，他们想占领这一地区，从而使美塞尼亚人沦为斯巴达人的奴隶，为前方奋战的士兵耕种土地，保证供给。

（二）
美塞尼亚之战

公元前 735 年，斯巴达人开始在美塞尼亚边境地区制造摩擦，原本是兄弟的斯巴达人与美塞尼亚人之间随即展开了争斗。美塞尼亚位于斯巴达的西面，其领土虽然不及斯巴达广阔，但是这里的土地极为肥沃，这也是斯巴达人所看中的。不过，与有着严格军事传统的斯巴达相比，美塞尼亚人要逊色得多，因此在军事力量上，美塞尼亚远敌不过斯巴达。

为了阻止斯巴达人肆意的侵略，美塞尼亚人团结起来，一同抵抗外敌。虽然在实力上不如斯巴达强大，但是美塞尼亚人的顽强使得这场战争演变成了旷日持久之战。起初，斯巴达人的计划是短时间内攻取城池，然而，出乎意料的是，城池久攻不下。无奈之下，斯巴达人只好将进攻的目标转向了村落。由于村民的作战力量非常薄弱，所以斯巴达人开始在美塞尼亚的村庄中为所欲为起来。他们烧杀抢掠，大批的村民都沦为了斯巴达人的奴隶。

面对残酷的形势，美塞尼亚人始终没有放弃斗争，相反，凭借着自身坚毅的气质，美塞尼亚人没有让斯巴达人很快得逞，而是使战争持续了二十年之久。在这二十年中，由于战争，斯巴达的国力受到了削弱，然而，最吃亏的还是美塞尼亚人。为了不使自己的国家落入斯巴达的魔掌，美塞尼亚的国王阿利斯托德摩斯决心率领自己的队伍与斯巴达人决一死战。

为此，阿利斯托德摩斯到特尔斐神庙请了神谕。相传，神明给阿利斯托德摩斯的指点是，只要他将自己王室中一名纯洁的少年献给神明，美塞尼亚就能赢得战争。为了国家的利益，阿利斯托德摩斯忍痛将自己的女儿奉献了出去。得到了神谕的美塞尼亚人大为振奋，斗志高昂，他们在接下来的战斗中取得了突破性的成果，将斯巴达人从一部分国土上赶了出去。

可是，就在美塞尼亚人的胜利指日可待之时，阿利斯托德摩斯却松懈了下来。他认为斯巴达人已经被自己打了回去，实力受到了很大的削弱，不会再进攻美塞尼亚。阿利斯托德摩斯不会想到，就是他这种轻敌的想法断送了美塞尼亚人的未来，也让自己沦为了亡国奴。

像斯巴达这种有着良好军事传统的国家怎么可能轻易就放弃进攻呢！果然，经过了一段时间的休整之后，英勇的斯巴达战士又卷土重来。眼看着美塞尼亚就要被斯巴达人占领，阿利斯托德摩斯赶忙再次请求神谕。这一次，他得到的指示是：第一个在伊玛山上的宙斯祭坛上祭献一百个三角鼎的国家将会取得战争的胜利。

在当时，三角鼎一般由青铜制造，一百个三角鼎的烧制需要耗费一定的时间。得到神谕之后，阿利斯托德摩斯即刻叫人赶制，不过，在美塞尼亚人准备三角鼎的同时，斯巴达人也得知了此事。为了抢先一步将一百个三角鼎呈现在宙斯神坛上，斯巴达人想出了一条妙计。因为神明并没有说明三角鼎必须由青铜制造，所以斯巴达人为了抢时间，便连夜用黏土制造出了一百个三角鼎，并且偷偷地摆放在了宙斯神坛上。

其实，所谓神谕，也就是给人们的一种心理暗示。当美塞尼亚人得知斯巴达人已经先于自己将三角鼎祭献给宙斯之后，他们在心理上已经认为自己是失败的一方了。看到美塞尼亚人失魂落魄、毫无斗志的样子，斯巴达人更加坚定了取胜的信念。没过多久，美塞尼亚的都城即被斯巴达攻取。阿利斯托德摩斯无法接受失败的事实，加之此前杀死女儿献祭给神明的痛心回忆，最终让这个一国之君难以承受，自尽于女儿坟前。

国王自杀了，美塞尼亚人也沦为了斯巴达人的奴隶，可是，他们并不甘心放弃此前平静的生活，而被斯巴达人当作奴隶虐待。公元前 660 年，因为无法忍受斯巴达人的残暴统治，一位叫阿里斯托美尼斯的青年发动了起义。除了美塞尼亚人之外，这位有识之士还联合了能够支援他们的城邦。

仇恨的火苗即刻燃烧成熊熊烈火，美塞尼亚人连同援助他们的友人一同向斯巴达人发起了反抗。与第一次美塞尼亚战争一样，第二次美塞尼亚战争也持续了很长时间，一直到公元前 645 年，斯巴达人都无法翻盘。终于，斯巴达人按捺不住了，为了尽快将美塞尼亚人的起义镇压下去，斯巴达人开始收买对方的同盟者。没有多少人能够经受住利益的诱惑，在斯巴达人的诱惑下，美塞尼亚的同盟军开始叛变，致使战争局势发生了转变，起义发起者阿里斯托美尼斯也被迫逃离了生养他的土地。最终，斯巴达人取得了胜利。

（三）

美塞尼亚的终极之战

两次美塞尼亚战争可谓耗时持久，经过了一个世纪的交战，美塞尼亚人最终沦为了斯巴达人的手下败将。失败者就要付出失败的代价，在斯巴达人的统治下，美塞尼亚人的地位非常低下。

占领了美塞尼亚之后，斯巴达将城民分为了三个阶层。第一个阶层是统治阶级，也称“平等人”，由斯巴达人组成，他们享有政府分配的土地，且无需自己耕种，全部由奴隶代劳；第二个阶层是“边民”，由庇里阿西人组成，他们主要从事斯巴达人不愿意从事的工商业和手工业，没有政治权利；第三个阶层就是沦为奴隶的美塞尼亚人。平时，美塞尼亚人要从事农业耕种，向斯巴达人缴纳粮食、赋税等，发生战争的时候又被派到前方作战，过着水深火热的生活。

美塞尼亚人在沦为奴隶后被称为希洛人，他们负责供养斯巴达人的生活，通常，一个斯巴达人所组成的家庭会有七个希洛人为他们服务。在人口的数量上，希洛人远多于斯巴达人，时间久了，斯巴达人感觉受到了某种潜在的威胁。斯巴达人担心希洛人会联合起来反抗，于是他们未雨绸缪，通过各种残忍手段杀害希洛人。

平日里，希洛人负责耕种，给斯巴达人提供粮食。战争时期，希洛人又要走上战场，为斯巴达人浴血奋战。为了在战争中激励希洛人的斗志，斯巴达人声称凡是在战斗中立下功劳的希洛人都能够得到自由。为了换取自由，希洛人真的在战场上开始拼命，事后，斯巴达人也承认了他们的战功。可是，就在希洛人等待斯巴达人履行承诺还给他们自由的时候，斯巴达人却无情地对他们进行了秘密屠杀。

困苦卑微的美塞尼亚人从来没有放弃过反抗，哪怕是在精神上寄存着丝毫的希望。可是在斯巴达人如此残忍的压迫下生活，终于让美塞尼亚人有一种生不如死的感觉。当这样的生活已经难以为继，当美塞尼亚人最后的精神防线崩塌之时，第三次美塞尼亚战争便一触即发了。

一场大地震给了美塞尼亚人再次起义的机会，公元前464年，趁着地震后混乱的局面，美塞尼亚人迅速组织起武装力量，如野火一般侵袭了整个斯巴达地区，奋起反抗压迫他们的斯巴达人。面对声势浩大的起义军，斯巴达人一时间没了办法，转而向自己的敌人雅典人请求援助。同为奴隶主阶层，斯巴达人知道雅典人一定会帮助他们，果然，雅典的援兵很快就到了。此外，看到雅典人支援斯巴达之后，其他城邦为了自身利益也纷纷派出了增援斯巴达的力量。

自己的敌人是如此强大，可是就算对方再势不可当，对美塞尼亚人来说都没有退路，因为退一步便是万劫不复。为此，美塞尼亚人必须以死抵抗，他们深知，自己一旦失败，斯巴达人就会更加残酷地对待他们，那么倒不如为了不可知的将来以命相搏。这就是美塞尼亚人的精神。

在诸城邦联合增援斯巴达人的情况之下，美塞尼亚起义军被迫退守到了伊托木山。为了更好地积聚力量，美塞尼亚人决定在伊托木山建立根据地，并与敌人展开持久战。美塞尼亚人的这一决定给斯巴达人带来了巨大的灾难。因为希洛人的缺失，斯巴达境内大量的耕地无人种植，这直接导致了斯巴达军队供给严重不足。斯巴达人的困境正是美塞尼亚人能够坚持下去的原因，这一场战争如美塞尼亚人所愿，耗时十年，最终，斯巴达人因难以为继而主动向对方表示愿意和谈。

美塞尼亚人的坚持终于换来了成果，在双方进行了谈判之后，斯巴达人同意将自由还给美塞尼亚人。不过，美塞尼亚人必须离开伯罗奔尼撒半岛而另谋生存之地。很久都没有尝过自由滋味的美塞尼亚人同意了这个条件，他们终于离开了饱受磨难的故土，踏上了寻找新家园的旅途。最终，美塞尼亚人来到了意大利西西里岛的北部，并在那里定居，重建家园。

一〇、强悍大国斯巴达（下）

斯巴达在建立国家的过程中，也经历了许多波折。在斯巴达建国初期，因为各项制度和法令还不完善，也出现过各种各样的问题，是莱库古带领斯巴达走过动荡不安的那段时期。他建立的法律制度令斯巴达恢复了秩序，完善了斯巴达的社会体制，令斯巴达走上了更加强盛的道路。

(一)

伟大的莱库古

在斯巴达的历史上，曾出现过一个为斯巴达作出巨大贡献的人，他就是莱库古。莱库古生活在公元前 8 世纪，他是当时斯巴达国王欧诺摩斯的第二个儿子，他还有一个同父异母的哥哥，名叫波吕德克特斯。

在父亲还是国王的时期，斯巴达国内局势非常动荡，因为贫富差距所引发的阶级矛盾更是尖锐。此外，斯巴达的外部环境也不是很好，可谓处于内忧外患之中。很快，不幸的事情就发生了，在一次暴乱中，国王欧诺摩斯葬送了性命。

父亲死后，莱库古的哥哥波吕德克特斯继承了王位，可是这位新上任的国王在不久之后也离开了人世，于是，王位就落在了并没有什么政治野心的莱库古头上。在顺理成章地成为了斯巴达国王之后，莱库古便得知了哥哥的王后怀孕的消息，莱库古对王后说，只要她生下来的是个儿子，他就把王位让出来。

听到莱库古这么说，王后觉得莱库古为人正直，但是她也另有打算。王后对莱库古说，她愿意嫁给莱库古，并且把腹中的胎儿杀死，让莱库古安心地坐在国王的位子上。王后的想法让莱库古对她心生恨意，他觉得眼前这个女人太过狠毒，于是就假装答应了此事，但是孩子必须生下来，由莱库古处理。

王后同意了莱库古的提议，于是就把孩子生了下来，果然是个男孩。当莱库古抱着这个孩子时，他高兴地对大家说，这是斯巴达的新国王，并为其取名为卡里拉奥斯。很快，莱库古就让出了王位，让自己的侄子当上了国王。可是，这引来了王后的嫉恨，于是她便造谣说莱库古居心不良，日后他会重新登上国王之位。

一时间，谣言四起，这让莱库古无法再在斯巴达待下去，仔细思量之后，莱库古决定出国。就这样，莱库古离开了斯巴达，游历于各国之间，他到过很多地方，包括小亚细亚和埃及等地。身处异地的莱库古饱览了各地风光，也对其他国家的政体等进行了考察，并深感斯巴达法制的落后。

莱库古原本打算等自己的侄子有了自己的继承人之后再回国，可是就在他云游四方的时候，却得到了不好的消息。由于年轻的国王无法掌控国内局势，斯巴达一片混乱，王权不保。斯巴达人请求莱库古回国治理国家。为了国家的安危，莱库古没有推辞，立刻回到了斯巴达。

莱库古虽然没有什么政治野心，却是一个非常有谋略的英才。回国后，莱库古立即组织了自己的队伍，准备对斯巴达进行一次彻底的改革。为此，莱库古巧妙地借助了“神力”。古人对神的崇拜是不容置疑的，莱库古正是利用了人们的这种心理，在自己拟定好变法方案后，将这套法案交到了特尔斐神庙的女祭司手中，通过女祭司来向人们证实这份法案来自神谕。于是，在斯巴达人民的心中，莱库古便成了神派来的人，具有了相当的权威，同时，改革法案也顺利地得到了实施。

莱库古声称神明赐予斯巴达的这套法律名叫《瑞特拉》，法案内容主要有四点：一、建立元老院，元老院成员为三十人，包括国王在内；二、在全国修建神庙，以祭拜宙斯与雅典娜；三、在全国划分部落，将人民归入其中；四、人民享有表决权。《瑞特拉》的内容虽然简单，却意义重大，这是斯巴达有史以来第一部较为缜密的法律，也是莱库古游历各国之后总结出的治国方案，一改从前斯巴达规章制度不完善的状况，使得对国家的管理有了详细的章程可循。

法案一经颁布，莱库古就迈出了大力改革的步伐。首先，他在全国范围内实行了户籍制度，将斯巴达人归入了不同的部落。其次，对政体作出了变革，为了使王权得到牵制，还对国王的权力进行了限制，并且赋予了“双王”同等的权力（斯巴达是一个实行“双王制”的国家）。莱库古的这种做法看似削弱了王权，却也保护了王权，不至于被贵族势力所打压。

为了稳定民心，莱库古还对土地进行了重新分配。由于原先大部分土地都由贵族占有，平民得不到土地，致使社会底层人民非常激愤。为此，莱库古特意划分土地给近一万户的斯巴达平民，以弱化社会矛盾。此外，为了最大限度地缩小贫富差距，莱库古把改革的矛头指向了货币。他下令不再使用金币和银币，而是以铁棒代替，并且大大地降低了币值。在莱库古看来，铁棒分量之重，使得人们在消费的时候不得不耗费更大的力气，如此一来，即可在某种程度上限制奢侈品的消费，弱化社会的贪腐奢靡之风。

不仅如此，莱库古还在全社会提倡勤俭之风，无论衣食住行，一律从简。为此，莱库古还特意下令修建集体食堂，强制人们进入集体食堂用餐。莱库古的这种做法很快就引来了贵族群体的不满，以致他在一次由此引发的冲突中被人打瞎了眼睛。不过，相传莱库古并没有处罚那个打瞎他眼睛的人，而是用仁慈感化了他。

莱库古虽然生性善良，对人民充满了仁爱之心，但是这丝毫不影响他在政治改革上的决心和努力。为了巩固国防，莱库古实行了全民军事化的制度，“战士”这一职业在斯巴达人民的心中是至高无上的。莱库古的这一做法也着实增强了斯巴达的国防力量，使得斯巴达成为古希腊地区最具战斗力的城邦之一。

莱库古的大力改革完善了斯巴达的社会体制，使得斯巴达成为古希腊地区名副其实的强国。不过，莱库古的这套改革大法并没有被记录为文字，因为在莱库古看来，法制只有深入人心才能发挥其作用和价值；反之，即便是写成了文字，如果人们心中无法，也是不起任何作用的。莱库古为斯巴达所作出的贡献让他成了斯巴达人民心中的神明。

（二）

斯巴达人的终身职业——战士

在莱库古的改革中，他在军事上下的功夫实在不小。由于实行了全民军事化制度，绝大多数斯巴达人在经过训练之后都具备了战斗能力。实际上，斯巴达人历来就十分注重军事力量的建设。建国之初，为了扩充领土，斯巴达人在拉哥尼亚地区进行了一系列战争，最终征服了拉哥尼亚。

此后，骁勇善战的斯巴达人又占领了美塞尼亚，美塞尼亚人沦为了斯巴达人的奴隶。不过，由于美塞尼亚人口众多，为了防止发生大规模的奴隶起义，斯巴达人实行了全民皆兵的军事政策。这套制度强制斯巴达成年男子必须参军，且斯巴达全体人民都过起了军事化的生活。

在斯巴达人的心中，从事工商业和手工业都是低贱的，只有成为一名战士，才是人生最高的荣耀。从二十岁一直到六十岁，都是斯巴达人的服役期。在斯巴达男婴出生之后，他接下来的人生都要为战争作准备。父母会把婴儿送到指定的地方进行身体检查，若是体质虚弱或者身体残疾，婴儿就会被丢弃。婴儿的母亲会用烈酒为他冲洗身体，健康的孩子在这个过程中不会出现异样，甚至经过烈酒的冲洗之后会更加身强体健。

孩子从小就要接受父母的严格培养，无论是生活习惯还是性格特征，斯巴达的孩子从小就显露出坚韧的特质。他们很少哭闹，有一颗勇敢的心，最重要的是，这些斯巴达孩子都遵守纪律，服从管理。当一个斯巴达男孩到了七岁的时候，他就要离开自己的父亲，与同龄的孩子一起进入军事基地接受训练。假如在训练的过程中有优异的表现，那么这个孩子就有可能被选拔为领导者。

据说在这种大型的军事训练营中，男孩们要接受各种各样的军事训练，掌握作战的各种技能，拥有足够的自信走上战场。无论冬夏，男孩们在每日训练完毕之后都要到河里洗澡，哪怕河水冰冷刺骨。这种军事训练生涯一直要持续到男孩二十岁的时候，在此期间，他们会经常参加搏斗训练，有时候国王还会前来观看。为了训练他们的忍耐力，男孩们每年都要被狠狠地鞭打一次，很多没能经受住这种考验的孩子都死在了皮鞭之下。

斯巴达的这种军事训练还有一个传统，即间接地训练男孩的偷盗技能。为此，军官会特意给男孩们很少的餐食，因为吃不饱，男孩们便不得不外出偷盗。假如由于自己的技术不够高明而在偷盗过程中被抓住，那么就要遭受严厉的惩罚，有时候这种惩罚相当残忍。男孩在这十多年的军事训练中要求必须留短发，等到训练结束之后才可以蓄长发。

二十岁之后，这些男孩还要开始新的一个为期十年的军事训练，在成年人的军营中过军中生活。斯巴达男人的结婚年龄必须在三十岁之后，而且婚后不能与妻子随意见面，只有在夜晚才能幽会。一直到夫妻二人有了孩子之后，他们才能在白天见到对方。婚后的斯巴达人还要加入公民社团，一个社团由十五人组成，也就相当于一个小的作战队伍。他们要在社团中共同生活，一直到退役才被允许离开社团。

在某种程度上，这种严格的军事生活让斯巴达人渴望发生战争，因为只有当战争爆发的时候，斯巴达人才能从平日严苛的生活中暂时逃离出来。战争期间，斯巴达人可以随意打扮自己，日常所需也会比和平时得到的更多一点。长期的训练让斯巴达人不再害怕死亡，他们在战场上那种大无畏的战斗精神是其他民族的人所望尘莫及的。在斯巴达，不仅男人从小要接受严格的军事训练，女人也不例外。为了使后代天生有一副好体格，斯巴达的女人们平日里也要进行体能锻炼和战斗技能培训。

除了军事训练之外，斯巴达人还要接受文化教育，当然，他们的文化教育还处于很浅的程度。由于斯巴达人从小就在严肃的氛围中成长，所以大多数斯巴达人都不善于言辞，他们很少说话，一心只为战斗。斯巴达人的这种特质在善于言辞的雅典人看来是不可思议的，雅典人认为斯巴达人只是一介武夫，除了打打杀杀之外什么都不会，而在斯巴达人看来，巧舌如簧的雅典人才是品质低劣的人。

严苛的军事制度让斯巴达走上了强国之路，在古希腊地区，斯巴达可谓无敌之国度。到了公元前 6 世纪时，斯巴达已经成了伯罗奔尼撒半岛上最强大的国家，其他诸城邦都要听从斯巴达人的指挥。斯巴达人还组建了伯罗奔尼撒同盟，一旦发生战争，同盟国都要相互支援，如此，一直在他们的统治之下却视斯巴达人为敌人的美塞尼亚人就更加无法与之抗衡了。

一一、“黄金时代”的智者

雅典之所以能够强盛和繁荣，与其伟大的领导者是分不开的。雅典在经历了一系列的改革之后，终于迎来了“黄金时代”，不论是在政治、经济、文化还是思想方面都蓬勃发展。雅典历任领导者中不乏优秀的政治家、军事家，他们为了雅典的利益，付出了很多的心血。

（一）

“正义者”阿里斯提德

大约在公元前520年，一个叫阿里斯提德的男婴出生在了雅典城，长大成人后的他步入雅典政坛，并以“正义”之名赢得了雅典人民的尊敬和爱戴。

说到这位阿里斯提德，他的光荣事迹在雅典历史上可谓数不胜数，他的言行让人们相信这个世界上还有“公正”可言。当然，要衬托一个人的伟大，不仅需要这个人真的伟大，还需要有卑劣的人在一旁作对比。在阿里斯提德的身旁，就有一个叫地米斯托克利的人来为正义的他作衬托。

相传，在一次法庭的庭审上，面对被告席上自己的政敌，阿里斯提德义正词严地将对方的劣行指证出来。阿里斯提德的指证赢得了法官的信任，法官甚至不想再听被告人申辩，打算直接定罪，但是法官的这一行为很快就被阿里斯提德制止了，他要求给予被告人申辩的机会，由此可见他的公正之心。

阿里斯提德的为人，让雅典人民对他越来越信任和尊敬，因此，阿里斯提德被升任为专门负责督查国库收入的官员。阿里斯提德奉公守法，他在工作中发现了很多贪官污吏的行贿受贿行为，那个始终视其为敌人的地米斯托克利也位列其中。地米斯托克利担心自己的贪污行为被阿里斯提德检举出来，于是先发制人地控告阿里斯提德贪污。不过，地米斯托克利的阴谋很快就被拆穿了，这也更加深了雅典人民对阿里斯提德的信任。

在其位就要谋其政，阿里斯提德无论如何都要将那群贪官污吏揪出来，于是他改变了侦查策略。阿里斯提德开始表现出不再继续追查的意向，他的这一态度转变让贪官们更加为所欲为起来，完全不知道阿里斯提德是在欲擒故纵，甚至在他们的支持下，阿里斯提德还顺利地连任了国库收入检察官的职位。最后，在公民大会的表决现场，阿里斯提德将自己搜集到的证据全部拿了出来，将贪官污吏们的罪行公之于众，并让他们绳之以法。

阿里斯提德在工作中不仅秉承着公平公正的原则，而且在为人上非常大公无私，这一点从马拉松会战中他的表现就能看出来。希波战争爆发之后，阿里斯提德被委任为将军参战，当时总共有十位将军指导作战，逐一进行轮换。在指挥战斗的过程中，阿里斯提德发现其中一位叫米太亚德的将军更具有军事才能，于是他毫不犹豫地将自己的指挥权交给了米太亚德。他的这一行为使得另外八位将军也纷纷放弃了指挥权，最终，在米太亚德的指挥下，马拉松会战取得了胜利。

随着时间的推移，阿里斯提德的功绩越来越多，他在雅典人民心中的地位也越来越高。不过，在政敌看来，阿里斯提德愈发让人讨厌了，尤其是地米斯托克利，他对阿里斯提德已经恨之入骨。

为了早日铲除这个眼中钉，地米斯托克利联合其他贵族诬陷阿里斯提德在担任了第二年执政官后准备实行僭主政治，然后成功说服了公民大会对他执行“陶片放逐法”。就这样，在政敌的诬陷之下，阿里斯提德不得不接受这次公民表决大会的决议。事实上，社会上很多人对阿里斯提德“正义者”的名望已经非常厌恶了，也许正因为被渲染得太过正义，许多人有了逆反心理。最终，阿里斯提德被逐出了雅典。

与此同时，波斯依然觊觎着希腊这片土地。地米斯托克利担心阿里斯提德会投入波斯一方来对付希腊联军，于是又让阿里斯提德回到了雅典。其实，地米斯托克利是以小人之心度君子之腹了，因为阿里斯提德根本没有背叛祖国的想法。后来，在阿里斯提德的协助下，希腊最终战胜了波斯。阿里斯提德对地米斯托克利的宽宏大量也再一次得到了人们的赞赏。

（二）伯里克利时代

伯里克利出身于雅典的名门望族，他的父亲山提波斯是雅典舰队的指挥官，他的母亲阿伽里斯特是贵族克里斯提尼的侄女。伯里克利出生后，一直接受着最好的教育，他天资聪颖，不论是哲学、音乐、美术、文学还是体育的表现都十分出众。伯里克利身材高大、体格健壮，他的脑袋有点长，一些不喜欢他的人，或者是和他开玩笑的人，会称他为“葱头”，但是伯里克利涵养很好，从不会因为这些事情而生气。他总是彬彬有礼、温文尔雅，几乎从来不发脾气。

有一次，伯里克利在外面散步时，遇到一个对他心怀恶意的人，那个人一直对他辱骂不休，但伯里克利并不还嘴。那个人一直跟着他破口大骂，直到傍晚时分，伯里克利回到家里后，那个人还在他家门口骂他。伯里克利却吩咐仆人打着火把将那个人送回家去，因为他担心天色太晚，那个人看不清路。

性格善良、博学多识的伯里克利口才也非常出众，可以说是一个天才级别的演说家。在任何时间、任何地点，他都能够讲出一番震撼人心的话来。伯里克利的演讲充满了说服力和感染力，斯巴达的国王有一次问一位演讲同样出众的大臣，他和伯里克利的演讲才能谁更胜一筹。那位大臣给国王打了个比方："我把他摔倒在地上，但是他辩解称自己没有摔倒，结果在场的观众们明明看到他摔倒在地了，却都被他说服了，认为他没有摔倒，所以他的演讲才能更加优秀。"

优秀的伯里克利跟随过众多优秀的老师学习，在那些博学的老师们的熏陶下，伯里克利拥有着高尚的情操和坚毅的品格。伯里克利的青少年时代是在希腊同盟抗击波斯侵略者的岁月中度过的。在希波战争中，雅典凭借强大的实力和不屈的意志，最终取得了辉煌的胜利，继而走上昌盛之路。伯里克利作为雅典人，感到非常自豪，并希望自己能够为雅典出一份力。公元前472年，他出资承办了悲剧作家埃斯库罗斯所著的《波斯人》一剧的演出，该剧演出后大获成功，"投资人"伯里克利也名声大噪，成为雅典的名人。伯里克利并不在乎这些虚名，他积极参与到雅典的政治当中，想要从政，亲自为雅典服务。

当时的雅典政坛上，贵族派和民主派的斗争十分激烈，双方你来我往，斗得不亦乐乎。伯里克利虽然出身贵族，但他却对民主派十分青睐。公元前466年，伯里克利正式加入了以埃菲阿尔特为领袖的民主派。在埃菲阿尔特的影响下，伯里克利逐渐成长为一名具有远大抱负的青年政治家，成为雅典民主派的代表。伯里克利代表雅典工商业奴隶主和第四等级公民的利益，他实行的政策主要以加强民主政治为核心。

在对外政策上，伯里克利主张以扩大雅典的势力为核心目的。在希波战争的后期，伯里克利不遗余力地维护雅典的霸主地位，在与波斯对抗的同盟国中，伯里克利一门心思地让他们承认雅典是

“老大”。当时有的城邦想要脱离同盟，伯里克利便将其残酷镇压，“杀气腾腾”地警告其他城邦，不要想着和雅典作对，不然不会有好下场。

公元前454年，雅典在埃及惨败于波斯，一些早就对雅典不服的城邦在波斯的支持下，趁机脱离了同盟。伯里克利大为震怒，他派出军队给那些城邦施加压力，强迫他们再次加入同盟，不然就对他们开战。不仅如此，伯里克利还将其他城邦的财富拿到雅典来，当作雅典的财富。伯里克利这样蛮横的做法遭到了许多人的诟病，但伯里克利有他自己的道理，他认为在进行希波战争期间，是雅典出了大力，维护了希腊其他城邦的利益和安全，所以，雅典理应得到好处。

伯里克利虽然政治手段强硬，但他对于雅典的热爱是十分强烈的。他一心一意所想的只是要打造出一个十全十美的雅典。他利用国库资金，请了许多能工巧匠为雅典修筑神庙、宫殿等各种建筑，这些精美绝伦的建筑耗费了大量的人力和财力，令许多雅典人不满，尤其是伯里克利的政敌们，他们抨击伯里克利挥霍公款，不知道节制。但伯里克利毫不妥协，他认为自己是在为雅典谋福利。

虽然伯里克利的权势显赫，但在当政期间，他从没有以权谋私，而是始终奉行着民主的政策。在伯里克利统治的后期，雅典和斯巴达矛盾升级，双方展开了激烈的战事，伯里克利想要带领雅典彻底击败斯巴达，重塑希波战争时期的辉煌，但事情并没有朝他想象的方向发展，持续的战事和肆虐的瘟疫，令雅典人民对伯里克利怨声载道，他们将一切的不幸都归结到了伯里克利身上，将他赶下台去。虽然雅典人后来又意识到没有伯里克利是不行的，重新请他回来，但没过多久，伯里克利就因为瘟疫失去了生命。

（三）

名门之将客蒙

公元前489年，曾在对波斯的战争中发挥了重要指挥作用的米太亚德因罪被判入狱，并且还被罚了款。入狱后的米太亚德因为身体上的病痛和精神上的摧残而离开了人世，留下一个年轻的儿子。

米太亚德的儿子叫客蒙，于公元前510年出生于雅典，他是米太亚德与色雷斯公主所生，可谓名门之子。可惜客蒙生不逢时，因为父亲的离世而家道中落，客蒙的青年时期就在无所事事中度过。客蒙身材魁梧，丝毫没有斯文的气质，没什么学识，对文学等领域更是没有兴趣。不过，客蒙性格爽朗，待人诚挚大方，人们倒也喜欢他。

在客蒙三十岁的时候，萨拉米战役爆发，为了雅典人民的安全考虑，地米斯托克利开始动员大家离开雅典。不过，大多数人都不愿意离开故土，动员活动进行得非常艰难。这时候，客蒙站了出来，支持地米斯托克利，决定参军。于是，这个平日里看起来大大咧咧的年轻人走上了战场，而且在战争中表现英勇，受到了嘉奖，还被提升为将军。

客蒙的成功不仅因为他勇敢无畏，而且还在于他有谋略。普拉提亚战争结束之后，希腊人已经将大多数的波斯军赶了出去，取得了很大的胜利。此时，希腊联军的最高指挥官斯巴达摄政王保萨尼阿斯开始沾沾自喜、狂妄自大起来，他的一系列行为引起了官兵们的不满。与保萨尼阿斯不同，客蒙的表现却非常平易近人，很快赢得了军心，并且掌控了希腊联军的最高指挥权。不久之后，客蒙就响应广大官兵的要求，撤销了保萨尼阿斯的军事指挥权。

客蒙在战争中找到了自身的价值，也对这一职业产生了无比的热爱，将一生都献给了战场。从外表上看，客蒙绝对是个粗人，但实际上却不是这么回事，相反，从很多地方都能够看出他的聪明和细心。一次，在客蒙的率领下，雅典军队和希腊联军一同俘获了一批波斯俘虏，缴获了很多的金银财宝。这时候，客蒙让希腊联军从战俘和财宝中挑选战利品，希腊联军的士兵们都选择了财宝，只留下了一批俘虏给雅典军队。对于这一结果，雅典士兵们都纷纷表示不解和愤慨，他们不明白客蒙为什么要如此让步。不过，很快波斯方面就带来了大量的赎金来赎回战俘，如此一来，客蒙就获得了远比当时缴获的财宝更多的财富。此时，雅典官兵们才明白了客蒙的用心，对他大为称赞。

客蒙为人处世十分真诚，这一点从他年轻穷困潦倒的时候就能够看出。那时候他虽然清贫，却非常慷慨，人们都乐意与他交往。参战之后，客蒙凭借着自身的努力屡获战功，也为自己赢得了不少财富。不过，客蒙对钱财并不看重，他将自己的很大一部分财产都拿来接济穷人，让人民从中获益。客蒙的这些发自内心乐善好施的行为，都为他赢得了雅典人的敬重和支持。

当时，在斯基罗斯岛遇害的雅典国王提修斯的遗体还没能运回雅典，而特尔斐阿波罗神庙的女祭司则宣称神明要求将提修斯的遗体运回国，这也是广大人民的呼声。后来，在客蒙的努力下，提修斯的遗体终于被找到了，并且被顺利地运回雅典，得到安葬。客蒙因战功和他的待人方式受到了众人的嘉赏，而他在公元前476年为雅典人民做的这件事情让大家对他更加信任了。

当年保萨尼阿斯被客蒙逐出领导层之后，提洛同盟也在客蒙的努力下促成了。不过，公元前 465 年，塔索斯岛却退出了提洛同盟，这让客蒙非常愤怒。在对待人民方面，客蒙绝对是仁慈的；然而在处理政务上，客蒙却丝毫不手软。客蒙率军攻打，塔索斯岛不得不投降，此后，色雷斯金矿即为雅典人占领，塔索斯岛也为此付出了高昂的代价。

在对待斯巴达方面，客蒙一反此前雅典人与斯巴达人之间的处事方式，对斯巴达表示了亲近。但是斯巴达却不知道客蒙的用意究竟何在，始终对他存有戒心。当斯巴达面临国内美塞尼亚人的起义之时，客蒙主动率军前去增援，但是不久之后却被斯巴达人友善地劝返了。回国之后的客蒙遭到了雅典人的冷遇，因为雅典人认为客蒙让自己的国家遭受了屈辱，为此，客蒙被逐出了雅典。

客蒙离开之后，雅典与波斯又发生了战争，因为没有了客蒙的指挥，雅典人战败了。为了打败波斯，雅典人又将客蒙请了回来。公元前 450 年，在客蒙的率领下，雅典人取得了塞浦路斯一战的胜利，然而，客蒙也因病在战争中逝世。客蒙去世之后，雅典军队谨记他的遗言，继续与波斯海军抗衡，最终取得了海陆作战的全面胜利，迫使波斯人放弃战争，与雅典人一起坐在了谈判桌前。

一二、伯罗奔尼撒战争（上）

伯罗奔尼撒战争起于希波战争停息后不久，雅典和斯巴达在联手赶走了外敌之后，闹起了内讧。这两个大城邦互相敌视，互相试探，最终在利益的驱使下开战了。这场仗一打就是几十年，几乎将古希腊所有的城邦都牵扯了进来。这场惨烈的战争最终以斯巴达获胜而宣告结束，因为影响很大，被称为“古代世界大战”。

（一）

战争的导火索

希波战争之后，希腊的两大巨头便一直处于对峙，崇尚民主政治的雅典主要控制着爱琴海周边地区，而崇尚寡头政治的斯巴达则主要控制着伯罗奔尼撒半岛。在希波战争之前，斯巴达和雅典便互相看不惯对方，但那时双方的实力还都在发展中，便一直没有正面冲突，可是当希波战争结束后，双方的实力都大大加强，他们之间的对抗也就越来越明显了。

雅典在希波战争之后，为了进一步发展势力，开始对外扩张。雅典人先是制服了斯巴达的盟国厄吉那，后来又试图控制麦加拉。麦加拉位于中希腊和南希腊之间，战略位置十分重要，一旦雅典控制了麦加拉，那就等于断了斯巴达的后路，以后斯巴达想要扩张在中希腊和北希腊的地盘，可就没那么容易了。

斯巴达对雅典的做法很不满，但雅典并没有停下扩张的步伐，雅典在和波斯对抗时，成立了提洛同盟，而在与波斯的战争结束后，雅典又加强了这个同盟的实力，将提洛同盟由一个松散的组织变成了雅典掌控局势的工具。雅典一直以提洛同盟为基础，在希腊各地拓展自己的势力范围。

雅典人也意识到，树大招风，为了杜绝日后其他希腊城邦的打击报复，也为了更加有效地保护雅典城邦，从公元前 460 年开始，雅典就开始修筑一道坚固庞大的“城墙”，雅典人想要将城池修得固若金汤，易守难攻。同时，雅典人还积极训练海军，扩充海上力量。

雅典的积极扩张，还直接威胁到了斯巴达的另一个盟国科林斯，科林斯担心雅典这样扩张下去，迟早会对自己不利，便一再怂恿斯巴达出面干涉。当时斯巴达也对雅典很不满。雅典的海军为了扬威，常常围绕伯罗奔尼撒半岛航行，令斯巴达人很恼怒；斯巴达也积极扩张自己的势力，拉拢同盟国，和雅典对抗。但是两个城邦都还没有作好开战的准备，为了维持暂时的和平，在公元前 445 年，雅典和斯巴达签订了一个为期三十年的和平协议，规定在此期间双方和平相处。协议虽然签订了，但雅典和斯巴达都没有放松警惕，在暗地里更加紧锣密鼓地加强实力，拉拢同盟国。随着各自同盟的壮大，两个城邦之间的对抗，逐渐演变成了两个联盟的对抗。

科林斯之所以忌惮雅典，就是因为在公元前 435 年，科林斯和雅典的同盟国克基拉发生了冲突。为了打败克基拉，科林斯建立了一支庞大的海军舰队，雅典得知此事后，认为科林斯建立海军舰队会影响到自己的海上霸主地位，便敦促克基拉赶紧打败科林斯，好灭灭科林斯的威风。在科林斯和克基拉爆发海战后，雅典出兵支援克基拉，以大欺小，强迫科林斯退兵。克基拉本身就拥有强大的海军舰队，其实力仅次于雅典舰队，再加上雅典在一旁推波助澜，科林斯知道自己根本不是对手，便向斯巴达求助。

斯巴达的另一个重要同盟国底比斯也一直在为争夺对比奥提亚的控制权而与雅典针锋相对，底比斯也一直怂恿斯巴达向雅典开战。斯巴达人考虑再三，先是向雅典提出质疑，质疑雅典在公元前 445 年签订的和平条约尚未期满，就违背条约，要求雅典放弃对提洛同盟的领导权。

雅典自然不会答应，雅典人的态度也正好合了斯巴达人的心意，在斯巴达人提出的要求数次被雅典人拒绝后，斯巴达便正式宣布对雅典开战，雅典也不退让，双方进入了积极备战的阶段。在公元前431年年初，斯巴达和雅典开战，长达三十年的伯罗奔尼撒战争拉开了序幕。同年夏天，底比斯的一支军队偷袭雅典的同盟国普拉提亚未遂后便派了大批军队包围普拉提亚，雅典赶紧出兵支援。这时，斯巴达和其同盟国的军队也侵入了阿提卡，两大同盟决定一决雌雄。

从双方的实力来看，雅典的海军实力强大，陆军实力较差，所以雅典的战术就是要利用海军优势。雅典将公民迁入雅典城内，利用海军围攻伯罗奔尼撒半岛，打消耗战，反正雅典的财力雄厚，可以消耗得起。而斯巴达虽然战斗力很强，但毕竟是农业城邦，缺少充足的财富，而且海军实力也不敌雅典，所以，斯巴达不和雅典在海上硬碰硬，而是想尽办法逼迫雅典在陆地上作战。

双方的作战进入胶着状态。

（二）

旷日持久的硬仗

在伯罗奔尼撒战争之初，斯巴达人每年都进攻阿提卡，毁坏阿提卡的庄稼，企图逼迫雅典同他们在陆地上来一场决战。但雅典人识破了斯巴达人的计策，不与斯巴达军队在陆地上正面交锋，只是派出主力在海上攻打斯巴达。但不久之后，雅典城内发生了瘟疫，许多雅典公民染病死去，再加上几个同盟国叛变，雅典一度在战争中处于劣势。

当时雅典的执政官伯里克利力挽狂澜，带领雅典走出了低谷。伯里克利不但是一位出色的政治家，也是一位出色的军事家，很有军事指挥才能。从战争一开始，他就尽量避免陆地作战，将战事引到海面上。伯里克利派舰队袭击伯罗奔尼撒半岛沿岸地区，鼓动斯巴达国内的奴隶希洛人起来暴动，造成斯巴达“后院失火”，好让斯巴达前后受困，在战事上分心。

而斯巴达也的确是被伯里克利的战略打击得焦头烂额，为了使雅典军队从坚固的雅典城池中出来进行陆地作战，斯巴达军队时不时地骚扰雅典的领地和同盟国，进行烧杀抢掠，以激怒雅典人，将他们引出来。看到自己的家园被毁，雅典人非常愤怒，纷纷请求出战。但是伯里克利识破了斯巴达的诡计，劝阻了愤怒的雅典人，为他们分析战争形势。

看到雅典不上当，斯巴达只好强行进攻雅典城池，但当时的攻城技术并不高明，而且雅典的城池修建得非常牢固，斯巴达根本无法攻破，只好将雅典团团围住，想要将雅典人困死在城池里。然而，最终因为斯巴达的补给不足，斯巴达人不得不撤离雅典，但他们并不死心，一有机会就会进攻雅典周围的地区，令雅典人不胜其扰，伯里克利的战略开始遭到雅典人的质疑。为了抵御斯巴达的进攻，雅典城外的农民进入城内躲避，因为没有住所，只得暂居在临时搭建的木棚中，人数众多，再加上天气炎热，雅典城内的生活环境十分恶劣。雅典城暴发瘟疫也就是在这个时候，长期的战事和突如其来的瘟疫，令雅典人将怒气都撒在了伯里克利身上，将他赶下了台。

不过，伯里克利下台后，并没有一个更适合的人来领导雅典人民，所以没过多久，精疲力竭的雅典民众意识到，只有伯里克利才能够拯救雅典，所以又将他选为将军。重新上台的伯里克利指挥雅典军民作好保卫雅典城池的准备，斯巴达军队久攻不下，眼看着时间一天天过去，战事始终无法推进，心急的斯巴达人沉不住气了，他们派出了一个使团前往波斯寻求帮助。

斯巴达想要找后援的计划被伯里克利觉察到了，他二话不说，立即派出一支小分队将斯巴达派去波斯的求援队伍拦截并将其带回雅典处死了。伯里克利摧毁了斯巴达的阴谋，也鼓舞了雅典民众的斗志，但可惜的是，不久之后，伯里克利感染了瘟疫，被疾病夺去了生命。

伯里克利的突然去世对提洛同盟是个沉重的打击，雅典政坛一时之间陷入了混乱。在伯里克利死后，有两大政治集团活跃起来，一派是以科勒昂为首的民主派，一派是以尼西阿斯为首的贵族派。民主派的人主张和斯巴达战斗到底，而贵族派的人觉得和平更加符合雅典当下的利益。

在伯里克利刚刚去世那段时间，雅典民众的斗志高昂，都想要和斯巴达决一死战，坚决捍卫雅典的荣誉，所以民主派的科勒昂被选上台，主持雅典的政事。科勒昂上台后，积极扩充军队，进入全民备战状态，处处和斯巴达针锋相对，摆出一副战斗到底的架势。科勒昂手段激进，他的作战策略就是硬碰硬，和斯巴达进行正面冲突。在科勒昂的带领下，雅典与斯巴达在海上、陆地展开了大大小小数不清的战事，各有胜负。对于提洛同盟的成员国，科勒昂也是毫不手软，一旦被他发现哪个成员国想要退出，就立刻派兵打击。

在战争进行到公元前 425 年时，雅典俘虏了 120 名斯巴达贵族，这下子斯巴达人坐不住了，主动要求与雅典讲和。占了优势的科勒昂提出了许多苛刻的要求，斯巴达人虽然很想救出被俘虏的贵族，但对于那些条件实在无法妥协，和谈进行不下去了，斯巴达人只好另想办法营救被俘虏的贵族。贵族牵涉到斯巴达国内的种种势力，斯巴达人担心雅典人一旦将被俘虏的贵族杀掉，会造成斯巴达国内动乱，所以，斯巴达不敢贸然进攻雅典，于是转而进攻雅典的同盟国，以缩减雅典的势力范围。

（三）

《尼西阿斯和约》

俘虏了斯巴达贵族后，雅典虽然取得了一定优势，但好景不长，公元前424年，斯巴达的将军布拉西达远征爱琴海地区的色雷斯。布拉西达是一名作战经验非常丰富的将军，看到斯巴达军队在经过多年的征战后，战斗力有所下降，战士们的斗志也非常萎靡，为了提高士气，他想出了一个办法，将斯巴达国内的奴隶编入军队中，并承诺打赢战争之后，他们就可以恢复自由之身。这无疑给奴隶们打了一剂强心针，为了赢得自由，奴隶们奋勇作战，很快就令斯巴达军队士气大振。

重振了士气之后，布拉西达开始四处寻找更加强大的同盟，好助自己一臂之力。他很快就选上了马其顿，在进行了一番谈判之后，马其顿的国王佩尔迪卡斯二世同意和斯巴达结盟，一起对付雅典。在斯巴达和马其顿强强联手的进攻下，雅典的优势很快便荡然无存，尽管科勒昂不断补充兵力、鼓舞士气，想要重新夺回优势，但战争已经持续了好多年，雅典民众早已不堪重负，想要尽快结束战争，回归和平的日子。

科勒昂不甘心就这样讲和，他想尽办法要和斯巴达血战到底，但一直主张和谈的贵族派首领尼西阿斯不放弃和谈的希望。在尼西阿斯的努力下，公元前423年，雅典和斯巴达终于达成了停战一年的协议，战火这才平息下来。

斯巴达之所以同意停战，也是因为长时间的战争令斯巴达国内不堪重负，急需休养生息。在停战的这一年中，虽然斯巴达和雅典没有展开大规模的战役，但双方之间小规模的冲突仍然不断，双方均没有死心，仍然在想着要抓住机会征服对方。

很快，休战的一年之期就过去了，斯巴达蠢蠢欲动，想要再次和雅典开战，布拉西达率领大军远征爱琴海北岸的卡息狄斯，直接威胁到了雅典。雅典不想坐以待毙，也积极备战，一直宣扬要迎战的科勒昂迫不及待地率领雅典大军，开往安菲坡里斯，和布拉西达展开死战。但是雅典虽然奋力攻击，却没能够打败斯巴达军队，在安菲坡里斯城下遭到了惨败。科勒昂只好率领残余部队慌忙撤退，布拉西达紧追不舍，双方多次战斗之后，好战的科勒昂被斯巴达军队杀死，而布拉西达也在战争中身负重伤，没过多久也去世了。

双方的主战人物都死了，主张和谈的人活跃起来。长期以来，雅典和斯巴达各有输赢，不分胜负，双方都在这场战争中损失惨重，被这场仗拖得筋疲力尽。无论雅典还是斯巴达，人民要求和平的呼声都很高，最后在尼西阿斯的极力张罗下，斯巴达和雅典于公元前421年，经过谈判，终于签订了停战协议。

因为这一次的谈判是尼西阿斯极力促成的，所以这个和约也被称为《尼西阿斯和约》。和约规定：以雅典为首的提洛联盟和以斯巴达为首的伯罗奔尼撒联盟不得故意向对方挑衅；如果联盟中的任何国家发生了冲突，都要通过和平协商的手段来解决，而不是诉诸武力；如果一方的利益或者领土遭受损害，那协议中的另一方就要出手相助；双方退出对方的领土，释放战俘，保持五十年的和平。

在签订了停战协议后的几年里，雅典和斯巴达并没有真正做到和平相处，双方仍在明争暗斗，干戈不断。公元前415年，双方之间的战火再次重新燃起。这一次的战争爆发，与一个人有着密不可分的关系，他就是雅典的政治家亚西比德。亚西比德出身于雅典的名门望族，他幼年丧父，曾被伯里克利收养，后来又跟着苏格拉底学习，是苏格拉底的得意门生。

亚西比德是一个彻头彻尾的主战派，他对雅典与斯巴达休战十分不满，为了令雅典和斯巴达重新开战，他不断和尼西阿斯作对，在公开场合怂恿雅典民众，让他们燃起投入战斗的欲望。亚西比德的口才极佳，演讲也非常富有煽动性，在他一而再、再而三的鼓动下，雅典民众的战争情绪越来越高涨。

新的战争一触即发。

一三、伯罗奔尼撒战争（下）

《尼西阿斯和约》的签订，并没有给斯巴达和雅典带来长久的和平，在短暂的休战之后，双方再次燃起战火，雅典人民好不容易得来的和平又瞬间消失，雅典再次被卷入战火之中，遭受了重重的战争打击，雅典昔日的辉煌渐渐逝去，似乎已经走在了一个岔路口上，何去何从成了一个必须要面对的难题。

（一）

征战西西里

在亚西比德的煽动下，雅典国内的好战气氛越来越浓烈，原先掌控局面的尼西阿斯再也无法控制局势的发展了；亚西比德的支持者越来越多，势力越来越大。这时，踌躇满志的亚西比德提出了一个大胆的计划：远征西西里岛。

西西里岛上的最大城邦叙拉古是斯巴达的盟国，而且也是有名的粮仓，亚西比德之所以制订这个计划，一是为了试探斯巴达的态度，二是为了占据这个重要的战略据点，可以更好地掌控海上作战。就在亚西比德计划攻打西西里岛时，西西里岛上的雅典的同盟国塞格斯塔和叙拉古发生了冲突，塞格斯塔派使者来到雅典求助。

对于亚西比德来说，塞格斯塔的使者来得正是时候，他立刻召开了公民大会讨论这件事情，而当时的雅典民众已经被亚西比德说服了，所以公民大会一致通过了远征西西里岛的决议。尼西阿斯费尽唇舌，想要唤醒雅典民众以放弃远征计划，但雅典人民却认为远征西西里岛一定能够大获全胜，所以并不听尼西阿斯的劝告。

好不容易为雅典带来和平局面的尼西阿斯，不得不被主战的亚西比德拖上了远征西西里岛的战车。就在雅典人准备出发的前夜，雅典城内的各条街道口用来指路的赫尔墨斯神像的面部却在一夜之间都被毁坏了，这一突发事件引起了雅典人民的恐慌。因为在古希腊的神话中，赫尔墨斯是天神宙斯的儿子，是人类的保护神，他的神像遭到了破坏，似乎预示了这次远征将会不吉利。主战派可不想让这件事情影响到雅典军队的士气，便派人去调查，但是查来查去，也没有查到什么线索，最后只能不了了之。

虽然在出发前遭遇到了一点“小意外”，但雅典大军还是浩浩荡荡杀向了西西里岛。公元前 415 年，在尼西阿斯、亚西比德和拉马克斯三位的领导下，一支由战舰和数量庞大的陆军组成的军队奔赴西西里岛。

到达西西里岛之后，他们没有马上进攻叙拉古，而是绕着西西里岛航行，想要给叙拉古一个下马威，让叙拉古看到雅典军队的实力有多强大，但叙拉古并没有胆怯，反而在雅典耀武扬威的时候，积极做好了迎战的准备。

就在双方准备开战的前夕，雅典军中忽然出现了动乱。一直叫嚷着要来西西里岛开战的亚西比德突然收到了雅典的传令，要求他立刻返回雅典接受审讯，因为在调查神像被毁坏事件时查出亚西比德和这件事情有关系，要求他回去配合调查。亚西比德得知神像被毁的事件已经升级成了阴谋建立寡头政府的重大案件，雅典城内好几个人已经因为和这件事情有牵连而掉了脑袋。他和另外几个被控告者害怕回去之后有口也说不清，连忙收拾了行李，逃到了斯巴达寻求庇护。

当了叛徒的亚西比德为了让斯巴达人收留他，继续发挥他的优秀口才，用三寸不烂之舌将斯巴达人说动了，期巴达人不但收留了他，还派兵前往西西里和雅典军队对抗。亚西比德向斯巴达泄露了雅典的军事机密，令斯巴达觉得此战一定会打败雅典，而且叙拉古也向斯巴达发出求助信号，斯巴达政府便派出大军前往西西里岛。

公元前 414 年的夏天，尼西阿斯率领军队和叙拉古苦战。虽然亚西比德叛逃、拉马克斯战死，但在尼西阿斯的指挥下，雅典军队还是占了上风，将叙拉古团团围困。就在叙拉古快要坚持不下去准备举白旗投降时，斯巴达的援兵赶到了，叙拉古不但解了围，而且反败为胜，将雅典军队打了个落花流水。

眼看着到手的胜利就这样化为乌有，尼西阿斯感到身心俱疲，他想起出征前那个不祥的预兆，觉得这次远征的结果一定凶多吉少，便向雅典发出请求。他希望要么撤军，要么雅典立刻派援军赶来支援。雅典没有同意撤军，而是派来了援军，还派来了两位将军协助尼西阿斯作战。

公元前 413 年，雅典军队和斯巴达军队展开激战，斯巴达出其不意地占领了离雅典仅仅 20 公里的狄西里亚，严重威胁到了雅典的安全。尼西阿斯提出解除自己的职务，但雅典并没有同意，在这种前后受敌的情况下，雅典依然坚持将大部分兵力派往西西里作战。但是雅典派去的两位将军和尼西阿斯在战术上无法达成一致，三人各有各的看法，令雅典军一直处于劣势，几经交战，节节败退，最后不得不决定撤军。

公元前 413 年 8 月 17 日夜，正当雅典准备撤军的时候，突然发生了月食，本来是一个撤退的好时机。但迷信的尼西阿斯偏偏要听信预言家的建议，推迟三个月零九天再撤退，这就使得叙拉古有了反扑的机会。经过周密的部署，叙拉古迅速出击，对雅典的舰队发起攻击。雅典舰队虽然迅猛反击，但叙拉古的进攻太过凶猛，经过一场激烈的厮杀，雅典几乎全军覆没，尼西阿斯也在战斗中阵亡。

雅典远征西西里岛的计划完全失败，经过这一战，士气受到了沉重的打击，雅典逐渐失去了海上的优势，海上霸主的地位已不复存在。

（二）

斯巴达掌握希腊霸权

经历了西西里岛的惨败之后，雅典的日子就一直不好过。看到雅典落败，气势也不如从前了，提洛同盟的一些国家就纷纷和雅典划清界限，而波斯则趁机重新插手爱琴海地区，想要卷土重来。公元前414年，雅典支持了小亚细亚当地的一场反抗波斯的叛乱，令波斯对雅典更加仇视。为了报复雅典，波斯和斯巴达结成同盟，一起对付雅典。双方达成了协议：斯巴达将小亚细亚让给波斯，而波斯则帮助斯巴达建造战舰，一起打败雅典。

雅典对所处的境况也很着急，但其实力已经被大大削弱，内部问题重重，面对这些外部忧患根本就只有招架之力，没有还手之机了。不过，斯巴达虽然和昔日的敌人波斯联盟，但双方之间并没有建立起完全的信任，波斯希望在斯巴达和雅典的战争中获益，所以波斯希望雅典和斯巴达的战争能够打得时间久一点，这样自己才能尽可能地获得最大利益。

波斯的这个策略就是亚西比德提供的，因为亚西比德投奔了斯巴达之后，一直担任的是闲职，没有受到重视，斯巴达对于叛徒不肯给予重权，不甘寂寞的他便想从波斯那里捞到好处。

亚西比德不仅在波斯出谋划策，对于雅典国内的局势，他也没有放过。雅典在公元前411年突然发生了政变，政局变得相当混乱，这场政变是多个以萨摩斯岛为基地的舰队指挥官发动的，这些指挥官之所以会发动政变，与亚西比德脱不了干系。亚西比德在斯巴达看不到希望，便一直谋划新的出路，暗中和波斯交往，但他仍觉得，回到故土更加舒适，所以他对那些军官承诺，一旦让他上台的话，波斯就会和雅典达成协议而不会开战，可惜的是这次政变并没有成功。政变失败后，亚西比德又投身到民主派的阵营中，成为民主派在萨摩斯岛上的领袖。

在这段时间，雅典获得了一系列军事上的胜利，斯巴达一时之间也无法与之抗衡，而斯巴达国内又出现了危机，不想再和雅典剑拔弩张，想要和平谈判。雅典这时元气有所恢复，而且是主战派当权，便断然拒绝了斯巴达求和的要求。雅典继续对斯巴达用兵，打得斯巴达节节败退，而且雅典还强迫那些离开联盟的城邦重新加入，否则就要派兵镇压。

在巧舌如簧的辩驳下，叛逃的亚西比德在公元前 408 年，又以忠臣的身份回到了雅典，并当选为将军。重回雅典后，亚西比德依然坚持对外作战的策略，坚决和斯巴达开战。公元前 407 年，斯巴达的将军莱山德尔被派往小亚细亚。莱山德尔认为想要打赢雅典，一定要同波斯结盟，于是去找波斯商量。虽然波斯和斯巴达的关系时好时坏，但看到雅典处于上风，波斯也很不甘心，便决定派出大批兵力支援斯巴达。

在波斯的全力支持下，斯巴达大胜雅典，虽然亚西比德这一次并没有率军打仗，但雅典人还是将怒气撒到了他的身上，认为他没有立场，是个“墙头草”，将他赶下了台。亚西比德担心雅典人会报复他，再次逃亡出国，最后没人知道他的行踪，有传言说他被波斯人抓住杀掉了。

后来，为了打赢这场仗，雅典聚集了所有的海军力量，和斯巴达军队在阿吉纽西群岛进行决战。这是两个同盟之间进行的最大的一次海战，以雅典获胜告终，但是因为雅典军官被胜利冲昏了头脑，没有打捞战死的士兵，而被控告亵渎生命，经过审判，这些为雅典立下了汗马功劳的将领们被判处了死刑。因为处死了一批有作战经验的将领，直接导致雅典在之后与斯巴达的战争中处于下风。

趁着雅典国内混乱，莱山德尔再次发起了进攻，雅典慌忙应战，被打得落花流水，几乎全军覆没。在波斯的帮助下，斯巴达大军控制了海洋，顶替了雅典，成为新的海上霸主。随后，莱山德尔率领海军封锁了雅典的海上基地比雷埃夫斯港，切断了雅典的海上运输通道，令雅典完全发挥不出海战的优势来。随后，斯巴达国王带领陆军直攻雅典，雅典败局已定。

公元前404年春天，雅典被斯巴达大军团团围困，城内粮草断绝，提洛同盟的同盟国因为痛恨雅典以往的霸道统治，纷纷袖手旁观不施援手，雅典最后只得投降，被迫与斯巴达签订和约。和约规定，雅典将提洛同盟解散，拆除雅典城邦外的坚固城墙以及其他防御措施。

长达近三十年的伯罗奔尼撒战争就这样结束了，以斯巴达最终取得希腊霸权，雅典惨败而告终。这场大战的结束，也宣告了雅典黄金时代的终结，斯巴达与雅典之间的制衡关系被彻底打破，斯巴达成为希腊新的霸主。

（三）

“三十僭主”的寡头政权

在伯罗奔尼撒战争之后，斯巴达人登上了希腊霸主的地位，并在雅典建立起寡头政府来统治雅典。饱受战火摧残的雅典人以为战争结束后，迎来的就是宝贵的和平，他们个个欢呼雀跃地拆除了雅典之前修建的城墙，期待着以后过上安稳祥和的日子。但没想到，斯巴达政府为了巩固其在雅典的统治地位，在雅典实行了恐怖统治。

斯巴达国王吕西斯特拉图在雅典风光地转了一圈之后，打道回府，回到斯巴达处理自己国家的事情，将雅典交给了莱山德尔管理。作为攻打雅典的头号功臣，莱山德尔在雅典大肆扶持自己的势力。他建立了一个亲斯巴达的傀儡政府，成立了一个由三十人组成的寡头政权，被称为“三十僭主”。这个寡头政权的领导者名叫克利提阿斯，是苏格拉底的学生，还是柏拉图的舅舅，也算是个学富五车的名门望族之后，但他的为人却是心狠手辣，品德一点也不高尚。

在克利提阿斯的带领下，这个傀儡政府对雅典人进行着残酷的统治，他们一旦怀疑谁想要反抗他们的统治，就会派人将其逮捕，没收财产，甚至将其杀害。这“三十僭主”的统治令雅典人刚燃起的希望又破灭了，他们实行的暴政令雅典的大批民主派人士为之愤慨，提出抗议，结果遭到了大屠杀。根据史料记载，被傀儡政府杀掉的雅典人比在伯罗奔尼撒战争最后十年中被斯巴达军队杀掉的还要多。

为了让雅典公民乖乖听话，僭主们限定雅典的公民人数为三千人，不让雅典公民有任何的权力。克利提阿斯控制的傀儡政府实施的暴政引起了雅典人的强烈反对，随着统治时间的推移，就连统治阶级内部也有人对克利提阿斯表示不满，其中便有“三十僭主”中的一个，名叫特拉墨尼斯。特拉墨尼斯主张温和统治，他对克利提阿斯的暴政感到忧心，时常劝说克利提阿斯行事不要太过火，否则容易引火烧身。克利提阿斯表面上点头同意，但却在心里记恨特拉墨尼斯，一直想要找机会除掉这个“眼中钉”。

在一次僭主会议上，克利提阿斯突然指控特拉墨尼斯背叛了寡头政府，而且在特拉墨尼斯还来不及反应、辩驳的时候，克利提阿斯就命令几名士兵将特拉墨尼斯带走。特拉墨尼斯明白这一次凶多吉少，为了活命，他飞奔到祭坛那里，按照雅典人的习俗，任何人都不能杀害在祭坛下寻求神灵庇佑的人，否则就会遭到全雅典人的唾弃和鄙视。克利提阿斯自然不敢冒天下之大不韪，但为了除去心头大患，他还是命令士兵将特拉墨尼斯从祭坛上拉下来，给他灌下毒药。

喝了毒药后的特拉墨尼斯将几滴毒药洒在地上，用尽最后的力气说这是留给克利提阿斯的，之后就倒地死去了。克利提阿斯不仅对政敌心狠手辣，对任何一个反对他的人都不会手软。克利提阿斯曾命令他的老师苏格拉底带人去萨米拉岛逮捕一个反对者，苏格拉底认为这个人是清白无辜的，拒绝了克利提阿斯的要求，克利提阿斯很是生气。如果不是这个傀儡政府很快就被推翻了，苏格拉底估计也难逃克利提阿斯的毒手。

在傀儡政府统治雅典期间，许多雅典人为了躲避迫害，纷纷逃往邻近的城邦。尽管克利提阿斯发出恐吓，谁敢收留这些逃亡者，就会遭到报复，但那些城邦痛恨傀儡政府的霸权统治，纷纷收留了逃亡者。这些逃亡者慢慢聚集在一起，为日后推翻“三十僭主”的统治埋下了伏笔。

公元前 403 年，那些流亡者联合雅典城内对“三十僭主”不满的公民，组织了一支军队和傀儡政府对抗。最开始的时候，这支集合了大批逃亡的雅典人的队伍战斗力非常强，不断占领雅典城邦周围的地盘，有了围困雅典之势。

克利提阿斯听闻这个消息后大为震怒，向斯巴达请求支援，斯巴达派来了大批军队，和雅典军队一起围剿起义军。双方进行了激烈的交锋。本来起义军的实力不如“三十僭主”集团，但因为雅典人早就不满“三十僭主”的统治，军队里的士兵并不想全力打这场仗，所以起义军慢慢地占了上风。起义军越战越勇，士气高涨，将“三十僭主”的军队打败，占领了雅典的军事重地比雷埃夫斯港。

克利提阿斯不愿轻易认输，他不断发动攻势，想要夺回失地，但是大局已定，任凭克利提阿斯怎么折腾，“三十僭主”的败局也是无可挽回，最终，克利提阿斯在战场上被杀。消息传回雅典后，人民欢欣鼓舞，他们拒绝再服从“三十僭主”的统治，要求将“三十僭主”处死。看到人民群情激奋，“三十僭主”再也不敢耀武扬威了，纷纷收拾包裹，仓皇逃亡他乡。

“三十僭主”统治雅典仅仅一年多时间，就这样被终结了。

一四、斯巴达的“高压”统治

经历了伯罗奔尼撒战争之后，昔日与之抗衡的雅典风光一去不复返，斯巴达成了希腊的第一大城邦。一家独大之后，斯巴达的气焰越来越嚣张，开始在希腊各地推行霸权政策，希腊其他城邦非常不满，纷纷将矛头指向了斯巴达。而坐山观虎斗的波斯在一旁不失时机地煽风点火，以引发希腊内斗，自己坐收渔翁之利。希腊再度陷入战争的旋涡之中。

(一)

科林斯战争

斯巴达在伯罗奔尼撒战争胜利之后，首先对战败的雅典进行了一番整改，令雅典再也没有与自己抗衡的能力。斯巴达解散了雅典原先成立的提洛同盟，将那些同盟国都收归到了自己的同盟中，成为自己的隶属者。在打击雅典的同时，斯巴达还干涉希腊其他城邦的各项事务，在许多城邦扶植寡头政权，并派出部队在那些城邦维持自己的统治。不仅如此，斯巴达变本加厉地掠夺附属国的财富，增加附属国的苛捐杂税，希腊各城邦对斯巴达怨声载道。

虽然希腊各城邦对斯巴达的霸权统治非常不满，但都是敢怒不敢言，毕竟斯巴达强大的军事实力摆在那里，谁也不敢轻举妄动。斯巴达依靠自己强大的军事力量，扩张势力范围，在希腊各处横行霸道，遇到不肯乖乖听话的城邦，便以强大的武力进行征服，所到之处无不哀鸿遍野。面对斯巴达的种种“暴行”，希腊各城邦盼望着能够涌现出一个类似于雅典这样的希腊城邦和斯巴达抗衡。

斯巴达自以为天下无敌，殊不知祸根已经悄悄埋下了。这个祸根便是一直对希腊虎视眈眈的波斯。在伯罗奔尼撒战争期间，为了取得胜利，斯巴达曾拉拢过波斯，希望波斯能够给予支持；作为回报，斯巴达许诺在战争胜利后，将小亚细亚沿岸的古希腊城邦割让给波斯。但是伯罗奔尼撒战争结束了好一阵子，斯巴达也没有兑现自己的承诺。其实并非斯巴达故意要无赖想毁约，而是当时小亚细亚沿岸的古希腊城邦已经取得了独立，如果斯巴达将其交给波斯，势必会引发动乱，斯巴达不想出现这种情况，便一直拖着，装聋作哑不理会这档子事。

波斯对斯巴达的这种态度很是恼火，几次三番地催促，斯巴达却不予理会，波斯与斯巴达之间的矛盾越积越深。公元前 404 年，波斯国王大流士二世去世，他的两个儿子为争夺王位继承权大打出手。经过激烈的宫廷斗争，最终以大儿子阿尔塔薛西斯二世的胜利告终，可是二儿子居鲁士并不甘心就这样被哥哥统治，他向斯巴达求助，希望斯巴达能扶持自己夺下波斯的王位，并答应斯巴达事成之后，给一大笔好处费。

冲着这笔好处费，斯巴达出兵进攻波斯，但战争开始没多久，倒霉的居鲁士就在战争中阵亡了，斯巴达的好处费不但泡了汤，还惹下了大麻烦。波斯国王阿尔塔薛西斯二世对斯巴达恨之入骨，发誓要将斯巴达踏平。公元前 399 年，以争夺小亚细亚为名，波斯和斯巴达爆发了激烈的战争。本想要和斯巴达新仇旧恨一起算的波斯，没有料到出师不利，刚开战就被斯巴达打了个半死；之后的战况也一直对波斯不利，斯巴达连连获胜，波斯眼看正面战场上取胜已不可能，便想了个阴招。

波斯知道希腊各城邦对斯巴达的霸权独裁统治很不满，便设计挑拨离间，让希腊的各城邦一起站出来反抗斯巴达的统治，使斯巴达置身于内外夹击的窘境之中，这样自己的胜算就会大很多。波斯一面在希腊各地四处散播挑拨言论，一面收买科林斯、底比斯等对斯巴达霸权统治不满的希腊大城邦。在波斯的不断蛊惑下，一直被斯巴达欺负的一些希腊城邦，诸如雅典、底比斯、科林斯等组成了反斯巴达同盟，并于公元前 395 年向斯巴达宣战。因为这场战争的主战场在科林斯地峡，所以，这场战争也被称为“科林斯战争”。

波斯想出的这个离间计非常管用，科林斯战争开始后，斯巴达的处境越来越艰难，面对希腊各城邦和波斯的两面夹击，斯巴达节节败退。斯巴达国王阿格西拉乌斯本来正准备带领大军前去波斯国境内大打一场，但听说国内传来了战事爆发的消息，连忙调转方向，赶回了希腊，波斯这才躲过了一劫。

雅典各城邦为了推翻斯巴达的高压统治，和斯巴达打了持续将近八年的仗。在这段时间内，反斯巴达同盟的各个城邦在波斯提供的资金扶持下，扩充了军队、修筑了城墙、提升了战斗力，原本实力无法和斯巴达抗衡的科林斯和底比斯迅速壮大起来。公元前394年，在小亚细亚的克尼达斯海角，反斯巴达联盟组成的舰队彻底击溃了斯巴达的海上舰队，从而结束了斯巴达的海上霸权。

穷于应付的斯巴达焦头烂额，眼看自己在希腊的霸主地位不保，忙找到波斯寻求帮助，希望波斯能够和自己站到同一阵线。斯巴达求和的要求正和波斯之意，本来鼓动希腊各城邦与斯巴达为敌，就是为了制衡斯巴达，但波斯现在眼睁睁看着这些反抗斯巴达的希腊城邦越来越壮大，担心日后会对自己形成新的威胁，便转而支持斯巴达。于是，在波斯的压力之下，反斯巴达联军被迫停战了。

公元前387年，斯巴达派出使团前往波斯谈判，和波斯签订了《安塔达斯和约》。这份和约规定：斯巴达承认小亚细亚沿岸的古希腊城邦以及塞浦路斯岛属于波斯，解散除斯巴达领导的伯罗奔尼撒同盟之外的其他希腊同盟。

就这样，斯巴达以出卖小亚细亚沿岸各希腊城邦为代价，维持了自己在希腊的霸权统治。在科林斯战争之后，有波斯撑腰的斯巴达继续在希腊各地实行霸权统治，但斯巴达已经无法服众，雅典、底比斯等较大的城邦一直在暗暗寻找机会，想要给斯巴达毁灭性的一击。

斯巴达的霸权统治即将迎来最大的挑战。

（二）

底比斯的崛起

在与斯巴达持续的抗争过程中，希腊的一座城邦——底比斯逐渐兴盛起来，成为古希腊数一数二的大城邦。底比斯十分反对斯巴达的霸权统治，在很长一段时间里，底比斯成了反抗斯巴达力量的领袖，带领其他希腊城邦，和斯巴达进行了坚持不懈的斗争。在屈辱的《安塔达斯和约》签订之后，斯巴达为了惩罚那些反抗自己的希腊城邦，便开始变本加厉地在希腊各城邦推行寡头政权，更加残忍粗暴地对待各城邦的百姓们。

在科林斯战争结束后，希腊始终处于动荡不安之中。虽然大规模的战争已经结束，但各城邦之间的冲突并没有终止，大城邦之间争夺地盘，小城邦受到欺压，原本一派和平的希腊时代一去不复返。希腊的许多城邦认为之所以会演变成目前的状况，完全是由斯巴达的霸权统治导致的，所以，希腊各城邦对斯巴达一直存有不满之心，它们都在暗中养精蓄锐，试图摆脱斯巴达的控制。

在这些试图反抗斯巴达的城邦中，底比斯可以算是一个“佼佼者”。在古希腊神话中，底比斯城邦是欧罗巴的兄长在寻找她的途中建立起来的。在希腊历史的前期，因为雅典和斯巴达各领风骚，所以并没有凸显出底比斯的实力，而且那时的底比斯也只是一个商业比较发达的城邦，隶属于伯罗奔尼撒同盟，在希腊城邦中没有什么大的名气。

但是，在伯罗奔尼撒战争结束后，斯巴达征服了那些不服从自己的城邦，对于伯罗奔尼撒同盟中的城邦放松了控制，给了底比斯发展的空间和时间。趁着斯巴达没有收回统治的间隙，底比斯控制了位于希腊半岛中部彼俄提亚地区的城邦，还和雅典、科林斯等一些大的希腊城邦联合对抗斯巴达的统治。

和斯巴达对着干的日子，一开始并不好过，底比斯屡战屡败，最终不得不重新臣服于斯巴达，接受它的统治，但是底比斯并不死心，暗中积极扩张军事力量，准备再次反击。在科林斯战争期间，底比斯接受了波斯大笔的金钱援助，势力很快强大起来。公元前382年，斯巴达占领了底比斯城，在底比斯成立了寡头政府，底比斯的许多民主派人士被迫流亡国外，逃亡到雅典等地，其中就包括民主派的领袖佩洛庇达。

佩洛庇达向雅典人讲述了斯巴达在底比斯的种种暴行，希望雅典能够出面支持底比斯对付斯巴达。在佩洛庇达向雅典寻求帮助时，他的一位好友伊巴密浓达则一直潜伏在底比斯国内，寻找时机推翻斯巴达的寡头政权。公元前379年的冬天，佩洛庇达得到了雅典的支持，率领着一支军队攻入了底比斯，而一直在底比斯城里潜伏的伊巴密浓达也在城里组织军队发动了突然袭击。在里应外合的攻击之下，底比斯的寡头政权被推翻，斯巴达军队被赶走，底比斯重新建立起民主政权。

底比斯在伊巴密浓达等民主派人士的领导下，国家实力越来越强大，为了更有效地和斯巴达的霸权对抗，底比斯联合彼俄提亚诸城邦建立了“彼俄提亚同盟”，参与这个同盟的城邦都是反对斯巴达的。在“彼俄提亚同盟”建立的第二年，雅典便紧随其后，成立了第二次海上同盟，加入这个同盟的希腊城邦大约有七十个，虽然比起第一次海上同盟的规模大大缩小，但雅典却很有信心将这个同盟再次做大。为了打消斯巴达的疑虑，雅典一再强调自己不过是这个同盟中非常普通的一员，不会再寻求往昔的霸主地位，也绝不会强硬地干涉同盟国其他城邦的内政。

雅典的这一举动和声明，不仅打消了斯巴达的猜忌，也吸引更多希腊城邦加入了这个同盟，第二次海上同盟逐渐壮大起来。

彼俄提亚同盟和第二次海上同盟达成一致，双方要友好合作，打败不可一世的斯巴达。斯巴达看出了这两个同盟的计划后，便迅速实行打压政策，坚决不让这两个同盟威胁到自己的霸权地位。

新一轮的大战即将在希腊大地上上演。

（三）

留克特拉会战

斯巴达经过斟酌，首先将矛头对准了彼俄提亚同盟，想要一举打散这个同盟，灭一灭底比斯的威风。但斯巴达人有些轻敌了，虽然斯巴达的军事实力很强大，但经过紧锣密鼓的军事训练和军事扩充，彼俄提亚同盟的实力已不可小觑。在首战中，斯巴达仅仅和彼俄提亚同盟打了个平手而已。首战的捷报大大鼓舞了彼俄提亚同盟的士气，同盟中的各个城邦都信心大增，认为击败斯巴达指日可待。

而斯巴达不甘心遭遇失败，继续攻打彼俄提亚同盟。斯巴达毕竟有着强大的军事实力和丰富的战争经验，在之后的战争中，斯巴达多次打败彼俄提亚同盟，挫败了底比斯的锐气，令底比斯原本强劲的发展势头，不得不偃旗息鼓了一阵。但底比斯也不肯轻易投降，在佩洛庇达等人的率领下，底比斯军队顽强地和斯巴达军队作战，虽然没有对斯巴达造成致命的打击，但还是令斯巴达损失惨重。

公元前 371 年，斯巴达召集希腊全部的城邦代表开会，在会议上，斯巴达将之前签订的《安塔达斯和约》拿了出来，要求底比斯按照和约上规定的只允许保留伯罗奔尼撒同盟的条款行事，解散彼俄提亚同盟。斯巴达这个无理的要求遭到了底比斯的反对，底比斯压根儿就不承认这个和约，还反过来要求斯巴达解散伯罗奔尼撒同盟。

底比斯不合作的态度令斯巴达非常不满，当时伊巴密浓达作为底比斯的代表出席这个会议，在会议上，为了维护底比斯的利益，他和斯巴达代表展开了激烈的唇枪舌战，让斯巴达颜面尽失。

眼看和谈没有效果，斯巴达便再次出动武力，派兵进入底比斯，想要占领底比斯城，底比斯民众即将迎来一场恶战。这场恶战早在底比斯重建民主政权的时候伊巴密浓达便料到了，他知道斯巴达不会就这样甘心放过底比斯，一定会找机会报复。为了底比斯民众的尊严和安乐，他抓紧时间训练军队、创新战术、改进武器，在伊巴密浓达的带领下，底比斯的军事力量与日俱增，就等着和斯巴达来一场生死决战。

公元前 371 年 7 月，在底比斯城西南的留克特拉城附近，斯巴达和底比斯展开了激烈的战斗，史称“留克特拉会战”。这场战斗中，斯巴达军队的数量几乎是底比斯军队人数的两倍，但底比斯军队并不惧怕，在开战前夕，伊巴密浓达就作了充分的动员演讲，激起了底比斯士兵的信心。

在战场上，斯巴达军队依然是采用传统的战术进攻，中间进攻，两面包抄。针对斯巴达军队的阵势，伊巴密浓达采用了一种全新的战术——“斜楔队形”。他将底比斯的士兵排成纵深五十列的纵队，率先攻击斯巴达军队薄弱的左右两翼，当斯巴达军队左右两翼被攻破、军心大乱的时候，再集中兵力攻打斯巴达的主力。按照伊巴密浓达的计划，战争爆发后，底比斯军队很快就把斯巴达军队打得七零八落。面对底比斯强悍的五十纵深队列，斯巴达连反抗的机会都没有。

在双方混战的过程中，斯巴达国王阵亡，斯巴达的士兵因此自乱阵脚，慌忙撤退。底比斯军队趁机全面反扑，大败斯巴达军队。在这场战役中，斯巴达军队损失惨重，大部分士兵被俘虏，只有少数人逃了回去；而相对弱小的底比斯则因为战术高明，损失不足三百人。

经过留克特拉会战，斯巴达遭到了重创，曾经不可一世的霸权统治再也维持不下去了。公元前370年，伊巴密浓达乘胜追击，率领底比斯大军进入伯罗奔尼撒半岛，向斯巴达的腹地挺进。斯巴达还没有从失败的战争中喘息过来，就又面临着底比斯大军压境的危险，然而，在这个危急的时刻，伯罗奔尼撒同盟的那些成员国并没有支持斯巴达，而是纷纷宣称脱离伯罗奔尼撒同盟，以求自保。

经过一番混战，伯罗奔尼撒同盟彻底瓦解，斯巴达再也不是从前那个呼风唤雨的希腊第一大城邦了，而是沦为了二等城邦。底比斯打败了斯巴达之后，地位直线上升，成为希腊最强大的城邦，取代了斯巴达的地位。随着底比斯的扬眉吐气，它与雅典之间的矛盾便逐渐显露了出来，底比斯希望能够成为“斯巴达第二”，在希腊建立起独一无二的霸主地位，但雅典也希望能够恢复往日的风光，所以双方都视对方为敌手。

为了防止底比斯继续强大下去，雅典转而和斯巴达结盟，一起抗衡底比斯。公元前362年，底比斯为了防止斯巴达东山再起，集中兵力再次猛攻斯巴达，想要彻底摧毁斯巴达城。这次战斗，虽然底比斯取得了胜利，成功削弱了斯巴达的实力，但是也给自身带来了不可挽回的损失，战后的底比斯虽然取得了希腊的霸权地位，但其霸权统治也只是维持了十年左右，就逐渐衰败了下去。

随着斯巴达和底比斯霸权的相继衰落，雅典看到了机会，企图恢复自己在海上的霸权，但此时雅典的实力早就大不如前，希腊各城邦并不买雅典的账，雅典想要重新夺回霸权的愿望也落空了。在伯罗奔尼撒战争之后的几十年里，希腊各城邦之间争斗不断，长期的战争令希腊各大城邦的实力严重损耗，希腊的辉煌已难再现。

一五、希腊的“劲敌”——马其顿王国

在希腊的各城邦相互内斗、战争不断的时候，希腊北方的马其顿王国正在悄然崛起，经过几代君主的勤政治国，马其顿很快发展成为一个强大的国家。就在希腊的各城邦忙着互相倾轧时，马其顿以不可阻挡的实力介入到了希腊的各项事务中，当希腊各城邦反应过来时，这个强劲的外敌已经以一副希腊新统治者的模样自居了。

(一)

悄然崛起的马其顿王国

在古希腊地区的东北方坐落着一个王国，王国分为南北两部分，其中北部以高原山地地形为主，经济文化较为落后，而南部则临近爱琴海，相对发达。这个王国东部与色雷斯接壤，西邻伊利里亚，东南方向则是卡尔西狄克半岛，它就是马其顿王国。

公元前3000年前，一些原本居住在巴尔干半岛和多瑙河下游的希腊人迁移到了希腊半岛的北部，后来又逐渐向南迁徙。而一些多利安人则留在了希腊半岛的北部，并在那里建立了属于自己的王国——马其顿。由此可见，马其顿人主要还是由希腊族群所组成的。在马其顿日后的发展过程中，这里的人们之间相互通婚，多利安人与色雷斯人、伊利里亚人一同形成了马其顿人。

在希腊人的眼中，马其顿人始终都是不入流的“野蛮人”，他们在文化上也与希腊有着非常大的差异。然而，就在马其顿王国悄然崛起的同时，希腊各城邦却陷入了内战。战乱过后，诸城邦实力大减，而马其顿王国在经过了历代的发展之后，俨然已经成长为新一代的强国。对于古希腊地区，马其顿王国有着它自己的野心，并很快就让看不起他们的希腊人刮目相看。

公元前6世纪下半叶，原本分为两部分的上、下马其顿完成了统一，成了一个君主制国家。不过，这一时期的马其顿地区还比较动荡，经常受到色雷斯人和伊利里亚人的侵扰。后来，波斯国王大流士一世攻占了色雷斯，为了成功攻入希腊，他将矛头对准了马其顿。不过，时任马其顿国王的阿明塔斯“识时务”地向大流士一世表示了臣服，使得尚不够强大的马其顿成为了波斯的附属国。

公元前480年，波斯军在大流士之子薛西斯的带领下侵入希腊，马其顿则出面协助。却不想，波斯人的进攻却以大败而归收场，而作为同盟者的马其顿也遭到了希腊人的嫉恨，在政治上阻碍了马其顿人与希腊人的往来。

不过，这种局面并没有影响双方在其他方面的交流与融合。由于希腊各城邦之间时常发生战争，出于利益的需要，马其顿经常被希腊的城邦拉拢加入战斗，因此马其顿与这些城邦之间的关系也就这样发展着。后来，为了与希腊人的关系能够更进一步，马其顿国王亚历山大一世甚至谎称自己是多利安－阿尔戈斯人的后裔。由于希腊人对马其顿臣服于波斯王国很是愤恨，所以亚历山大一世干脆说马其顿王国对波斯国的臣服只是表面上的，马其顿人的内心是不可能臣服于波斯人的统治的。

随着雅典和斯巴达的逐渐强大，古希腊地区的政治经济也快速发展了起来，为了能够从希腊人那里得到好处，马其顿王国开始更加频繁地与希腊人打起了交道。然而在与雅典的关系上，马其顿并不坚定，出于自身利益的考虑，马其顿时而向雅典示好，时而又与雅典为敌。当雅典进入伯里克利繁荣时期后，马其顿便与其结盟，但是又不希望服从于雅典的统治。所以在后来的伯罗奔尼撒战争期间，马其顿就站在了斯巴达一边，协助斯巴达人占领了雅典的战略要地安菲坡里斯。此后，马其顿仍然在雅典与斯巴达之间摇摆不定。

公元前413年，阿克劳斯登上了马其顿国王之位，随后，他就把马其顿的都城迁到了临近沿海的佩拉，由此拉近了马其顿王国与希腊诸城邦的距离。对于新都城的建设，阿克劳斯可谓投入了很大的精力与财力，在他的领导之下，佩拉城的道路拓宽了，面积变大了，气势也更加恢宏了。

都城地理位置的改变使得马其顿王国与希腊人的来往更加密切，而阿克劳斯又非常推崇和喜爱希腊文化，在他的主张和倡导之下，希腊文化渐渐在马其顿王国传播开来。

阿克劳斯对希腊文化的热爱是有目共睹的，他在位期间曾邀请众多希腊知名人士来到马其顿，包括艺术家、诗人和哲学家等，著名的悲剧作家欧里庇得斯就经常光顾马其顿王国。此外，阿克劳斯还在佩拉按照希腊人的风俗举办了奥林匹克运动会，促进了希腊文化在佩拉的传播。不仅如此，阿克劳斯就连军队的编制都仿效了希腊人的做法。阿克劳斯虽然为马其顿人与希腊人的融合作出了很大的努力，但是希腊人看起来并不买他的账，在希腊人的眼中，马其顿人仍旧是所谓的“蛮族”。

公元前399年，阿克劳斯不幸遇害，他去世之后，马其顿王国陷入一片混乱之中，这种状态持续了很长一段时间。十几年间，马其顿王位多次易主，直到阿明塔斯三世当上了国王。阿明塔斯去世之后，在底比斯人的干涉之下，他的长子帕迪卡斯三世继承了王位，而他的次子，也就是腓力二世，则作为人质被扣押在底比斯王国。

（二）
腓力二世征服希腊

前面提到的在公元前367年，在底比斯人的干涉下，阿明塔斯的长子帕迪卡斯三世继承了马其顿王位，次子腓力二世则被迫作为人质去底比斯生活。流着马其顿王室血液的腓力二世不甘心一辈子都当底比斯人的人质，于是来到底比斯之后就开始了他“卧薪尝胆”的生涯。

腓力二世是一个有着坚强意志力的人，他善于观察，沉着冷静，能屈能伸。在底比斯，腓力二世受到了名师的教育，尤其是在军事、政治方面，让他收获颇丰。其间，他还参加了奥林匹克运动会，并获得了战车比赛的冠军。为了早日回到自己的国家，这位胸怀大志的年轻人付出了比常人十倍还多的努力。

上天总是把机会赐予有准备的人，终于，腓力二世的机会来了。在底比斯过了数年人质生活之后，有一天，腓力二世听闻自己的哥哥帕迪卡斯三世在一场战役中牺牲了，这让他心中有种莫名的兴奋。帕迪卡斯三世去世之后，他的幼子阿明塔斯就继承了王位，可是由于年纪尚小，无法主持国家事务，于是腓力二世就以王叔的身份回到了马其顿，掌管国家政权。公元前 359 年，腓力二世将年幼的阿明塔斯从王位上赶了下来，自己坐上了马其顿国王之位。

有的人野心勃勃，却没有相应的实力，而腓力二世则是雄心与实力并具的一位君主。称王之后，腓力二世就开始了对马其顿的一系列改革，使得马其顿在政治、军事和经济上都有了很大发展。在政治上，腓力二世着重强化王权，为此，他削弱了公民大会和贵族议会的权力，一切重大事务都由国王做主。在军事上，他建立了一支精锐的军队和一支强大的舰队，创建了闻名的马其顿方阵。除了培养官兵的作战能力之外，腓力二世更注重对他们忠诚度的培养。在经济上，腓力二世对货币制度进行了改革，使用金银双本位制以促进马其顿的经济发展。

在腓力二世的努力之下，马其顿王国实力大增，而此时的希腊城邦仍旧内战不断，这给了腓力二世乘虚而入的机会。当然，腓力二世虽然野心勃勃，但又是个心机很深的聪明人，统一希腊并非易事，若没有高超的政治手腕是难以达成的。为了实现自己一统希腊的梦想，腓力二世精心制订了一系列的计划。

腓力二世对付的第一个目标是色雷斯，他用金钱和利益成功地将色雷斯拉拢了过来。而当他想用同样的手段拿下伊利里亚时，对方却拒绝了他，为此，腓力二世只好出兵将其制服。看到马其顿将色雷斯和伊利里亚轻易拿下，希腊诸城邦自然提高了警惕，为了不打草惊蛇，腓力二世主动向雅典示好，为自己争取了更多的时间。腓力二世利用这些时间加紧提升本国财力，一边开采矿藏，一边扩充军队。与此同时，腓力二世还不忘运用自己的“金钱外交政策”，用大量的金钱为马其顿收买了一批希腊城邦中的党派。

仅仅在称王两年之后，即公元前357年，腓力二世又将目光投向了马其顿与雅典的冲突点安菲坡里斯城。前面我们已经提到，安菲坡里斯城属于雅典，马其顿为了维护自身利益，始终在雅典与斯巴达之间两边倒，在伯罗奔尼撒战争中，马其顿曾帮助斯巴达人夺取了安菲坡里斯城。不过，帕迪卡斯三世后来又帮雅典人收回了这座城市，而不久之后，马其顿又将这块战略要地据为己有了。此时的腓力二世想先讨好雅典，于是他撤出了安菲坡里斯城，然而没几天他又反悔了，再次攻占了这座城池。

马其顿左摇右摆的态度终于惹怒了雅典人，正当雅典准备与马其顿兵戎相见的时候，希腊城邦同盟却对雅典发起了战争。如此一来，雅典不得不放弃对马其顿的攻打之心，全力应付城邦内战，而内战又极大地消耗了雅典的军事力量，使其无法再与马其顿一争高低。

就在这个时候，希腊中部的弗西斯占领了特尔斐神庙周边的土地，特尔斐人向底比斯人求助，底比斯决定对弗西斯给予惩罚，要求其交出一笔数额巨大的罚金。可是弗西斯人不但没有认罚，反而洗劫了特尔斐神庙，还集结雇佣军准备与底比斯斗争到底。为了增强实力，弗西斯人请出了雅典人和斯巴达人过来帮忙。公元前355年，这场名为“神圣战争”的战斗打响，诸多希腊城邦都被卷入。在希腊诸城邦的协助下，底比斯自然抵不过弗西斯，弗西斯大败底比斯之后又向北方的帖撒利进攻，帖撒利见势急忙向马其顿求助。

此时的腓力二世正在海上攻打雅典的盟邦迈弗纳，为此，他还丧失了自己的右眼，这更激起了腓力二世对希腊城邦统治的决心。借着帖撒利求救的机会，腓力二世打算大展拳脚，他首先占领了帖撒利，又经过一番征战之后，温泉关以北的希腊地区也被纳入了马其顿的版图。此后，腓力二世与雅典签订了和约以稳住对方，好让自己的军队先去对付弗西斯。在腓力二世的精心策划之下，弗西斯战败。公元前346年，这场持续了近十年的“神圣战争”以马其顿的大胜而告终。为此，腓力二世还赢得了“特尔斐神庙捍卫者”的光荣称号。雅典人看到希腊的其他城邦都对马其顿趋炎附势，虽然心中不服，可是单凭自己的力量根本无法抵抗马其顿，也只好作罢。

公元前340年，当腓力二世征服拜占庭的时候，却在海上遭遇了雅典人的舰队，马其顿在赫勒斯本托斯海峡一战中遭到了惨败，雅典人决心借机将马其顿逐出希腊。公元前338年，雅典人说服底比斯、科林斯等其他希腊诸邦，联合起来在喀罗尼亚与马其顿展开大战。然而，希腊联军虽然人数众多，但最终还是敌不过马其顿方阵，在腓力二世的儿子亚历山大的率领下，马其顿大胜希腊联军。

公元前337年，腓力二世召开“科林斯会议”，希腊诸城邦中除了斯巴达之外都派了代表前来参加会议，确认了马其顿对希腊地区的统治地位，成立了“泛希腊联盟”。腓力二世的下一步计划是攻打波斯。不幸的是，次年，腓力二世在参加自己女儿的婚礼时遇刺身亡，他征服世界的事业就此停止。不过，他的儿子亚历山大继承了父亲的伟业，开创了一个辉煌的时代。

（三）
“众人皆醉我独醒”的德摩斯梯尼

公元前384年，在雅典城的一个商人家中，降生了一名男婴，然而，这个男婴天生口吃，他叫德摩斯梯尼。德摩斯梯尼的父亲开了家武器作坊，生意不错，家境比较优越。可是德摩斯梯尼的父亲却早早地离开了人世，此后，他的家产就被德摩斯梯尼的监护人霸占了。直到德摩斯梯尼长大后，监护人才将其父亲十分之一的财产还给了他，这让德摩斯梯尼内心充满了愤恨。

为了夺回父亲留给自己的财产，德摩斯梯尼决定将监护人告上法庭。一天，监护人侵吞德摩斯梯尼父亲遗产一案开庭，德摩斯梯尼出庭指证其监护人的犯罪事实，可是他的发言结结巴巴，遭到在场人们的耻笑。不过，在辩护律师的帮助下，德摩斯梯尼还是打赢了官司。然而，口吃的德摩斯梯尼在监护人看来是个弱小好欺负的人，监护人仍旧拒绝归还他财产。监护人的这一举动深深刺痛了德摩斯梯尼的自尊心，同时也坚定了他要夺回父亲遗产的决心。

一心想要摆脱口吃障碍的德摩斯梯尼，开始向雅典当时著名的演说家学习当众演说的技巧，为了早日获得成功，他对自己下了狠心。人们经常会见到德摩斯梯尼站在海边进行矫正练习，他把石头含在口腔内，用来练习吐字。为了让自己的音量加大、发音稳定，他以盖过海浪声为目标，日日进取。德摩斯梯尼甚至会爬到险峻的峭壁上进行长句的练习。德摩斯梯尼知道，他除了说话口吃之外，在表情和肢体表达上也存在着很大的问题，为此，他租住在地下室，每日对着镜子进行面部表情和肢体动作的练习。

在闭关了数月之后，德摩斯梯尼终于又出现在了人们的视线中。他再次将监护人告上了法庭，要求对方将父亲的遗产归还给他。这一次，德摩斯梯尼已经与从前那个口吃患者判若两人了。在法庭上，德摩斯梯尼铿锵有力地控诉了监护人，在场的人们发现，眼前的这个年轻人不但没有了口吃障碍，反而比一般人更会说话，他逻辑清晰、表述流利、语速时缓时快，不仅让旁听的人目瞪口呆，更是让陪审团倒向了他这一边。德摩斯梯尼再次获胜，监护人不得不将财产还给了他。

打赢了这场官司之后，德摩斯梯尼决心进入政坛，他凭借自己出色的演讲才能和独特的政治见解，成长为一名优秀的政治家和演说家。此时的雅典在马其顿征服希腊诸城邦之后再也没有一个人能够站出来说话，雅典人的沉默无声让德摩斯梯尼很是不满，他决心唤起雅典人乃至全体希腊人的斗志，将马其顿逐出希腊。在德摩斯梯尼的努力下，一个反对马其顿的派别逐渐形成，而与此同时，还存在着另一个忠于马其顿的派别。不过，虽然是倾向臣服于马其顿，但这个“亲马派”内部的目的也各有不同，其中得玛得斯非常忠于腓力二世的统治，而伊索克拉底则是想借助马其顿来防止波斯人对希腊的侵略。

无论希腊诸邦对马其顿持什么样的态度，在德摩斯梯尼看来，只有希腊人团结起来将马其顿赶走，才是希腊诸城邦的发展之道。在他的建议之下，雅典政府将更多的资金投入到军队的建设上。与此同时，德摩斯梯尼本人还不断煽动希腊人的民族情绪，他在公元前 341 年发表了著名的《反腓力辞》，引起了极大反响，唤起了更多希腊人反抗马其顿的斗志。

此时的腓力二世正准备将赫勒斯本托斯海峡据为己有，在德摩斯梯尼的大声疾呼下，雅典政府终于撕毁了与马其顿的和约，派兵抵抗马其顿军队。为了确保雅典能够在战争中获胜，德摩斯梯尼又在希腊诸城邦中奔走游说，希望更多的城邦加入到战斗中去。在他不遗余力的奔走游说下，希腊联军终于在公元前 338 年与马其顿军在喀罗尼亚展开了激烈的战斗。

然而，精锐的马其顿方阵却大败了希腊联军，这种结局完全出乎德摩斯梯尼意料。喀罗尼亚一战胜利之后，腓力二世的军队很快就兵临雅典城下，但雅典人并没有惧怕，他们团结一致，准备迎战马其顿军。腓力二世有他自己的如意算盘，他此时还不愿意与雅典有过多的军事摩擦，于是就在“亲马派”的说和之下，双方签订了和约。腓力二世表示不再干涉雅典人的内部事务。可惜，没过多久腓力二世就被杀害了，这让始终在暗处观察政局的德摩斯梯尼兴奋不已。

腓力二世被刺杀后，德摩斯梯尼又重新出现在了公众的视野中，决心再次唤起雅典人反抗马其顿人的斗志。随后，一场反抗马其顿的起义便在雅典城上演了，不过起义很快就被马其顿军队镇压了下去。而此时，德摩斯梯尼早已经成为了马其顿人的眼中钉，为了活命，他逃出了雅典。德摩斯梯尼在逃亡的过程中面临着各种巨大的压力，最终，他选择了自杀。

公元前 322 年，这位在众人的沉默中勇敢地站出来，鼓舞雅典人的反抗精神和斗志的英雄，永远地离开了他钟爱的那片土地。

一六、亚历山大大帝

亚历山大大帝是世界历史上著名的军事天才和卓越的政治家，他师从古希腊哲人亚里士多德，一生征战南北，缔造了庞大的亚历山大帝国。亚历山大每攻占一个城市，都会在那里建立一座新城，随着马其顿大军的不断征战，亚历山大也将希腊文明传播到了被他征服的各地，创造了一个辉煌的时代。

（一）

亚历山大继位

公元前356年7月20日，亚历山大三世出生于马其顿王国的首都佩拉。亚历山大的父亲是马其顿阿吉德王朝的国王腓力二世，他的母亲是伊庇鲁斯的公主奥林匹娅斯。传说，亚历山大是众神之王宙斯的儿子，他出生之前奥林匹娅斯梦到了雷电交加的景象，佩拉市内的一座女神殿也同时失火焚毁。这两件事导致全城人心惶惶，经占卜师测算之后预言说：有一名男婴于同日降生，日后世界将归他所有。

亚历山大自幼酷爱诗歌，特别对荷马的诗歌情有独钟，《伊利亚特》中阿喀琉斯的传奇事迹对他产生了很大的影响。此外，亚历山大在艺术上也有很高的天赋，对音乐尤其喜爱。亚历山大十二岁时拜亚里士多德为师，由此掌握了丰富的学识，在哲学、伦理学、政治学、几何学等领域都有所涉猎。

亚历山大从小就流露出对马的喜爱，据说有一匹极难驯服的马，叫布塞夫拉斯，一天，亚历山大仅仅是温柔地对这匹马说了几句话，此马日后就忠诚地跟随着他。腓力二世见状还赞叹自己的儿子，说马其顿王国对于他来说太小了，他应该开辟一个属于自己的帝国。

相传亚历山大相貌极为俊美，有着一双湛蓝深邃的眼眸，面部略带微红之色，全身都散发着与生俱来的体香。亚历山大的身材并不魁梧，但是只要骑在他的宝马布塞夫拉斯的背上，亚历山大就能彰显出一股威武之气，令人生畏。

在性格方面，亚历山大有些情绪化，据说他经常会勃然大怒，这种性格也许是受到了母亲奥林匹娅斯的影响。奥林匹娅斯个性独断，喜欢与蛇同睡。早年在母亲及亲属的影响之下，亚历山大的性格中注入了坚韧之气，但同时也变得有些桀骜不驯。父亲腓力二世为了让亚历山大在个性上有所收敛，才为他聘请了老师亚里士多德。在日后的远征期间，亚历山大与母亲也有着密切的书信往来，他会将不愿与他人讲述的见闻写给母亲，可见奥林匹娅斯在他心目中的地位之高。

相比之下，亚历山大与父亲腓力二世之间的关系就不那么好了，他们之间还曾闹过一次很大的矛盾。公元前 337 年，腓力二世与原配奥林匹娅斯离婚，并且打算迎娶一个名叫克丽欧特佩拉的贵族之女。就在迎娶的当天，腓力二世的侍卫阿塔鲁斯在酒会上宣称腓力二世与克丽欧特佩拉的儿子将会成为王位的合法继承人，亚历山大听后愤怒不已，他毫不留情地将一杯酒向阿塔鲁斯泼去。

腓力二世见状非常气恼，他站在一张椅子上，手扶阿塔鲁斯，就在他准备抽剑之时却从椅子上摔了下来，还遭到了亚历山大的嘲笑。后来，亚历山大被腓力二世驱逐出了马其顿王国，他与奥林匹娅斯先是去往母亲的娘家伊庇鲁斯，后来亚历山大又只身前往伊利里亚。不过没过多久，腓力二世就在众人的劝说下将在外漂泊的亚历山大召回了马其顿。

公元前 340 年，亚历山大已经十六岁，长成了一名英俊的少年。腓力二世认为已经是时候考验一下儿子的能力了，于是就在自己远征拜占庭时，将亚历山大留在了马其顿主持王国政事。由于腓力二世的离去，马其顿北部边境的密底人又开始骚动，发起了叛乱，亚历山大亲自率军前去镇压。在战场上，亚历山大表现出了英勇无畏的气概，并且足智多谋，很快就将叛军镇压了下去。战争胜利之后，亚历山大又在当地重新建起了新城，并命名为亚历山大波利斯。第二年，亚历山大又随父亲一同平定了西徐亚人。

公元前338年，腓力二世在征战拜占庭的途中遭到挫败，希腊诸城邦见势发动了反对马其顿统治的大叛乱。当时雅典和底比斯两大城邦联合起来反抗马其顿，腓力二世随即与其展开了大战，这就是著名的喀罗尼亚战役。在这场战役中，亚历山大的军事才能得以很好地展现，在他的率领下，马其顿大军击败了闻名希腊的底比斯圣队，为马其顿的胜利奠定了坚实的基础。

相传每当腓力二世征服了一个地方之后，亚历山大都会唉声叹气，感叹自己没有用武之地，可见他的好战和雄心。公元前336年，腓力二世被刺杀身亡。有传言说是奥林匹娅斯谋害了他，而亚历山大也被认为是幕后主使之一。不过也有人认为是波斯人为了阻止腓力二世东征而将其害死的。腓力二世死后，年仅二十岁的亚历山大继承了王位，并开始了他的伟大时代。

（二）

开疆拓土，缔造伟大时代

腓力二世死后，马其顿王国陷入混乱，其北部地区的色雷斯和伊利里亚又开始蠢蠢欲动。亚历山大一登上王位就开始了对希腊各城邦反抗浪潮的平定，他出席了在科林斯举办的泛希腊会议，并且使得除斯巴达之外的所有希腊城邦都承认了他的统治。之后，对于那些不忠于他的贵族，亚历山大坚决地将其全部流放。

然而，不久之后希腊各城邦就传言说亚历山大在争斗中死去，底比斯趁机作乱，发起了对马其顿的进攻，随后其他一些希腊城邦也纷纷加入，还包括波斯在内。而让他们始料未及的是，亚历山大非但没有死，还以迅雷不及掩耳之势在他们尚未达成一致的情况下就发动了大举的反攻。当马其顿军队攻到底比斯城下之后，由于对方拒不投降很快就被攻陷了，整个城邦付之一炬。其他希腊城邦见势纷纷退出，表示对亚历山大臣服。

亚历山大是一位懂得如何获取民心的君王，在平定了希腊诸城邦的叛乱之后，他就借口“为希腊报仇”而向东方发起了战争。亚历山大的这一借口不仅博得了希腊人民的好感，而且还为其开拓疆域找到了完美的理由。安顿好古希腊地区之后，亚历山大准备进攻小亚细亚，而在马其顿，他则留下了安提帕特守护后方。其实，亚历山大之所以能成功地继承王位，与安提帕特的力推有很大关系，为此，成为君王之后的亚历山大就将安提帕特安排在自己身边，担任国家重臣，为其出谋划策。

公元前 334 年，亚历山大率军离开佩拉，经由色雷斯横渡赫勒斯本托斯海峡，最终抵达亚洲。途中，亚历山大的军队还经过了特洛伊城的旧址，在那里，亚历山大对阿喀琉斯和雅典娜进行了祭拜，希望神明保佑他能够取得如阿喀琉斯一样的功绩。直到亚历山大已经登上亚洲大陆，波斯王国才开始集结军队准备迎接这场异族发起的战斗。

在波斯各行政区域的总督当中，有一个叫梅农的人，他足智多谋，在分析了亚历山大军队的情况之后，决定采取拖延战术。因为马其顿军毕竟来自远方，对波斯本土的地形并不熟悉，时间一长，其供给无法跟上，再加上马其顿军队人数不多，这样很容易就能将他们拖垮。可是，梅农的意见并没有被其他波斯总督们采纳，他们正是看中了马其顿军队人数上的劣势，才决定发动大举进攻，想要迅速将其拿下。

然而，波斯军如此行事的结果却是遭遇惨败。亚历山大在亚洲首战告捷，也使得这里其他的国家纷纷害怕起来，主动表示投降。事实上小亚细亚地区的很多城邦早已对波斯人的统治心存不满情绪，当马其顿军大胜之后，他们就倒向了亚历山大。与此同时，由梅农率领的希腊雇佣军却不服亚历山大的统治，他一边坚守在哈利卡纳苏斯，一边拉拢希腊诸城邦发动对马其顿的叛乱。不幸的是，这位勇猛的总督却在一次战斗中被击中身亡。就这样，在短短数月中，小亚细亚就被亚历山大的铁蹄征服了。

为了不让波斯舰队在赫勒斯本托斯海峡将马其顿军队的后方补给切断，亚历山大在征服了小亚细亚之后将矛头直接瞄准了这支强大的舰队。于是，亚历山大计划率军南下，将叙利亚和巴勒斯坦的海岸线控制在手，然后再迅速攻入埃及地区，将地中海东部海岸上的所有港口收归己有，最终从波斯人的手中夺取了海上霸权。

在亚历山大预谋的同时，波斯军队当然不会坐以待毙，很快，波斯国王大流士三世就看穿了亚历山大的诡计。

公元前 333 年，人数远远超过马其顿军的波斯军在伊苏斯与对方开战。擅长在重围中突破的亚历山大率领精英部队冲垮了庞大的波斯军，并将波斯国王的家室俘虏。波斯国王见势只好带领残余部队逃亡，并在两河流域向亚历山大传达了自己想要和谈的意向。然而，在亚历山大的心中，大流士三世根本没有资格与自己谈判。亚历山大随后将波斯国王的家室作为人质全部带走了。

随后，亚历山大一直实施着原先的计划，并没有直接攻打大流士三世的部队，而是继续南下，占领了腓尼基人的沿海城市，掌控了地中海东部沿岸地区。这样一来，再拿下波斯军就是轻而易举的事情了。亚历山大随后来到了埃及，这个文明古国是他一直以来所向往和崇拜的，而埃及人也像迎接救世主一样向亚历山大臣服。亚历山大在埃及总共待了半年之久，他还专程前往孟菲斯拜祭了诸神，他的行为博得了埃及人的强烈好感，而埃及法老也授予了亚历山大“太阳神之子”的尊号。在这里，亚历山大用自己的名字命名了一座新城，这座城市也很快发展成了政治经济文化中心。

公元前331年的春天，亚历山大率军离开了他热爱的埃及大地，来到了美索不达米亚平原。同年9月，马其顿军与波斯军在高加米拉地区展开了斗争。如此前一样，波斯军在人数上远胜于马其顿军，但是这丝毫也不影响亚历山大军事才华的发挥。很快，波斯大军就被马其顿军的精锐力量攻破，致使数十万人丧命。

随后，马其顿军径直攻入了古巴比伦地区，并一举拿下了波斯帝国的都城苏萨和波斯波利斯。在对这一地区进行了疯狂的洗劫之后，亚历山大开始追击大流士三世。不过，在逃亡途中的大流士三世已经被一个叫贝索斯的波斯总督杀害，后来亚历山大又处死了贝索斯。亚历山大是个心胸宽广的人，他安葬了大流士三世，以示对其的尊重，而对于他的家人们，亚历山大也给予了礼遇。

强大的波斯帝国覆灭了，可是亚历山大并没有打算停止征战的步伐，他继续向东边进发，用了三年的时间，在艰苦的斗争中将高加索和中亚西亚一带的反抗者击败，占领了巴克特里亚，之后又迎娶了巴克特里亚的公主罗克珊。公元前327年，亚历山大继续率军攻打了阿富汗，随后占领了印度地区。此时，马其顿军中的厌战情绪已经快要达到极限了，本想继续征战的亚历山大不得不举兵回国。

公元前324年，在原波斯帝国的都城苏萨，亚历山大又娶了大流士三世的女儿，而他的部下们也纷纷迎娶了波斯贵族的女子。亚历山大的这一通婚行为在很大程度上促进了希腊人、马其顿人与波斯人的相互融合。也是在这一年，亚历山大另立新都，宣布巴比伦为都城，建立了庞大的亚历山大帝国。

公元前323年6月，在巴比伦，33岁的亚历山大因高烧不退突然死亡，英年早逝。亚历山大一生征战南北，取得了丰功伟绩，然而在他去世之后，帝国因王位继承人的缺失而很快土崩瓦解。起初，帝国在形式上还能维持统一，但是很快就又陷入了各领地之间的争斗之中。到了公元前301年战争结束之时，由亚历山大一手打造起来的伟大帝国已经被分为了四个部分，分别是由卡山德统治的希腊，由吕辛马库斯统治的色雷斯，由托勒密一世掌管的埃及、黎凡特，以及由塞琉古一世统领的伊朗及美索不达米亚。到了公元前270年，这些版图又被吞并为三个国家，分别是卡山德王朝、塞琉古帝国和托勒密王朝，直到公元前1世纪，它们又通通被罗马帝国所吞并。

（三）

同性情谊和迷雾重重的死因

提到亚历山大的奇闻逸事，就不能不提他的感情生活以及一个叫作赫菲斯提安的人。赫菲斯提安与亚历山大同年出生于公元前356年，是马其顿贵族之子。在亚历山大征战南北的一生中，赫菲斯提安扮演了重要的角色，他是亚历山大的左膀右臂，是他的亲密挚友，更是他的同性爱人。相传，赫菲斯提安与亚历山大同受教于亚里士多德，也是这样他们才得以相识。自亚历山大率军开疆拓土之日起，赫菲斯提安就成为了近卫兵团中的一员，并始终陪伴在亚历山大的身边。

关于亚历山大和赫菲斯提安这二人的同性情谊，也有许多有趣的故事。相传某日亚历山大与赫菲斯提安一同巡视来自波斯的战利品，波斯太后却误以为赫菲斯提安就是亚历山大，不过亚历山大非但没有怪罪她，反而说了一句极其暧昧的话："赫菲斯提安也是亚历山大。"不过在希腊语中，"亚历山大"有"人民的守护者"之意，所以亚历山大表达的可能是"赫菲斯提安是人民的守护者"的意思，而历史学家却借用这一句双关语跟大家开了一个玩笑。

为了佐证赫菲斯提安就是亚历山大的爱人，一位牛津大学的历史学家曾表述说：当亚历山大的军队经过特洛伊城遗址时，亚历山大和赫菲斯提安分别来到了阿喀琉斯和帕特罗克洛斯的墓前进行朝拜，而阿喀琉斯与帕特罗克洛斯正是一对同性伴侣，于是历史学家认为亚历山大与赫菲斯提安的这一分别朝拜也正意味着对二人关系的承认与公开。

在后人及历史学家所著述的多部关于亚历山大的传记中，对于亚历山大与赫菲斯提安之间的感情，也都肯定了这二人"非常相爱"，虽然亚历山大一生中也有过其他男宠，但是赫菲斯提安在他心目中的地位却是无人能及的。据说当时希腊的男人在三十多岁时就会离开先前的同性伴侣而选择更为年轻健壮的新伴侣，但是亚历山大仍然选择了让赫菲斯提安留在他的身边陪伴，可见他们之间的情谊之深。

其实，赫菲斯提安不仅与亚历山大同年出生，而且还与他在同一年离开了人世，可谓同生共死。而关于二人的死因，也有着许多传说。有人说亚历山大是因为佩戴了一顶镶嵌着巨大红宝石的王冠而死的，因为红宝石在太阳的照射下能够发出一种激光，长期受激光照射会使身体发生病变，亚历山大因为非常喜爱这顶王冠，于是经常戴着它彰显自己的权威，所以年纪轻轻就丧命了。不过，关于亚历山大的死，最流行的还是中毒一说。

相传在亚历山大突然死亡之后，关于他的死因很快就谣言四起，很多人都认为是艾欧拉斯下毒害死了他，因为雄辩家狄摩西尼曾提议雅典人向艾欧拉斯表示感谢。不过，也有传言说，害死亚历山大的是一名马其顿军官，因为他担心自己会成为亚历山大下一个肃清的对象，惧怕之中他前去算命，而算命者则预言亚历山大很快就要死了，让他不用害怕。果然，赫菲斯提安几日之后就因饮用了纯酒精而发高烧致死，亚历山大在同一年也死于同样的原因。

后来据一位医师分析，亚历山大和赫菲斯提安所饮用的酒中都含有慢性毒药士的宁，而这种毒药的用法和剂量则为亚里士多德的一位植物学家弟子所掌握。不过，也有人认为就是亚里士多德毒死了亚历山大，因为亚历山大对他的这位曾经无比敬爱的老师渐渐产生了怀疑之心，而亚里士多德也认为自己亲手培养出了一个害人之人。

关于亚历山大与赫菲斯提安之间的同性情谊以及他们二人的真正死因，我们今天已经无从得知，但是亚历山大的丰功伟绩伴随着他个人生平的种种传说，更给这个历史上声名显赫的人物蒙上了一层神秘的面纱。从他英勇威武的个性来看，他立志要成为一名所向披靡的勇士，征服南北，为国家开拓疆域，使更多的人臣服。而长达十一年的征战，也的确证明了亚历山大的勇猛。他战无不胜，其睿智和胆识让敌人闻风丧胆。然而，亚历山大却又不是一介武夫，他师从于伟大的智者亚里士多德，富有学识，深谋远虑。起初，亚历山大曾认为只有希腊人才是文明人，其他人都是野蛮人，但是在经过对希腊人之外的族群深入了解之后（尤其是对荷马诗歌的热爱），他发觉自己错了。

当然，生而为人，亚历山大也有明显的缺点和弱点。相传，亚历山大往往都会宽厚待人，甚至会给予战败在他手中的人以很多的关爱，但是有一次却在饮酒之后残忍地将他的好友及救命恩人克雷特斯杀死了。亚历山大为了帝国的建设开疆拓土，却没有为自己的事业提前寻找一名合适的继承人，这也暴露出他率性而为，且在某种程度上欠缺思考的一面，并直接导致了在他死后马其顿陷入一片混乱的境地。

亚历山大一生短暂，却又利用这短短的时间为人类文明作出了巨大的贡献。他对各地的征服使得希腊和中东地区的开化民族此后有了密切的往来，加速了地区之间的民族融合，丰富了各地的民族文化，并将希腊文明远播到了世界的其他地区。与此同时，希腊也接受到了来自东方世界的宗教思想，这种文化思想的融合最终影响了罗马文明。此外，亚历山大一生共建立了二十多座城市，最著名的就是亚历山大，并且在很短的时间内将这座城市发展成了文化名城。

一七、古希腊的终结

在亚历山大逝世之后，马其顿内部便混战不休，这让一直渴望自由的希腊各城邦看到了一线希望。趁着马其顿的力量被大大削弱还没来得及巩固的时候，希腊的各个城邦联合起来组成联盟，对马其顿的统治进行反抗斗争。虽然这些斗争取得了一定的胜利，但希腊的辉煌已经一去不复返了。

（一）

古希腊的最后一搏

一个曾经强大且骄傲的民族怎能忍受在外族的统治下生活呢？尤其是对希腊人来说，他们拥有先进的民主制度和艺术文化，现如今却要受别人管束，这是无论如何也无法令他们接受的。即便是在马其顿人的压迫下生活着，希腊人也从未放弃过反抗，虽然一次次的反抗最终都被亚历山大镇压了下去。

古希腊地区的政治制度历来讲求"民主"，可是在马其顿铁蹄的践踏下，"民主"已如稀疏的空气一般逐渐消散在这片古老的土地上。不过，随着亚历山大的离世，希腊诸城邦似乎又看到了一线希望，他们内心深处对自由的渴望再一次被激起。亚历山大的死让马其顿内部发生了混乱，其对古希腊地区的统治力量也越来越弱，趁着这个大好时机，希腊诸城邦决定联合起来进行反抗，争取重获自由。

一开始，当希腊人听说亚历山大去世的消息时，他们根本不相信，也没有因此就作乱反抗。随着亚历山大离世的消息愈加确切，希腊人这才萌生了反抗之心。为了让这次反抗战斗万无一失，雅典开始大批地招募雇佣军，最终，希腊诸城邦在公元前323年正式发动了大规模反抗马其顿统治的战争。

雅典人向来以雄辩著称，在这次反抗马其顿的战争前夕，一个名叫希伯里德的雅典人再一次发挥了这个民族的优势。希伯里德对马其顿可谓恨之入骨，这种憎恨的源头在于他的老师——著名的演说家伊索克拉底。当年伊索克拉底希望腓力二世能够击败入侵希腊的波斯人，可是腓力二世却将魔掌伸向了古希腊地区，看着自己的故土被他人侵犯，伊索克拉底无法接受这一屈辱的事实，最终绝食离世。

老师的离去让希伯里德痛苦万分，经历了这件事情之后，希伯里德也深深地认识到一个现实，那就是无论到什么样的境地，别人都是靠不住的，希腊人必须依靠自身的团结和力量将侵略者驱赶出去。希伯里德受德摩斯梯尼思想的影响非常深，他的口才也相当出众，正是他的演说，真正地激起了希腊人推翻马其顿统治的决心，激发了希腊人的斗志。

战争爆发了，希腊拥有一支强大的雇佣军队伍，这支队伍曾经让亚历山大都无比头疼。这一次，这支雇佣军在勒奥斯托尼的率领下与马其顿军进行战斗，初战告捷。胜利的消息更加让希腊人斗志高昂，他们乘胜追击，逼迫马其顿军队退到了拉米亚地区。希腊人本以为胜利就在眼前，然而，事情的发展却急转直下，而造成这一切的原因却是希腊人内部的矛盾。

在这个与敌决一死战的关键时刻，雅典贵族阶层却出现了分歧，在他们的阴谋之下，勒奥斯托尼的统帅权力被架空。而马其顿军队则趁着这个时机，一举将战争的局势翻转了过来。马其顿先是派了援军赶到了拉米亚地区，将受困的马其顿军解围，随后又将希腊雇佣军镇压了下去。这次反抗马其顿的战争恐怕是希腊人最后的机会了，可惜他们并没有把握住。

实际上，协助雅典将马其顿军围困在拉米亚地区的这支雇佣军兴起于古希腊地区的中部，也就是埃托利亚同盟。除了这个同盟之外，还有一个于公元前 4 世纪至公元前 3 世纪在古希腊南部地区兴起的阿卡亚同盟。率领阿卡亚同盟壮大的人名叫阿拉图，他是西基昂人，公元前 251 年，阿拉图率领西基昂加入了阿卡亚同盟，并很快成为了该同盟的首领。

在阿拉图的组织下，科林斯和麦加拉等希腊城邦也加入了阿卡亚同盟。起初，阿拉图很积极地反抗马其顿，他还与埃及的托勒密三世密谋要共同对抗马其顿。可是，就是这个阿拉图，他将斯巴达的改革扼杀在了摇篮之中，然后开始与马其顿亲近。不过，马其顿人为了自身的安危，最终还是将阿拉图毒害了。

曾经，随着埃托利亚和阿卡亚这两个同盟的力量越来越强大，他们也给马其顿造成了很大的压力，可是，也是因为两个同盟之间的不和，最终给了马其顿镇压他们的机会。由此可见，古希腊的衰落和灭亡与其内部的动乱有着很大的关系，可谓咎由自取。

（二）

斯巴达的剧烈变革

斯巴达人在伯罗奔尼撒战争中获得了大量的金银财宝，尤其是一位叫莱山德尔的人，在战争之后一跃成为了斯巴达最为富有的人。这些掠取的财富逐渐让斯巴达人骄奢起来，原本严格的军事生活传统被严重腐化。斯巴达在莱库古的改革下保持了国内稳定性和纯粹性，然而，这种现象毕竟是强制得来的，像是泡沫一样，终有一天会破灭。

果然，好景不长，公元前 400 年，斯巴达通过法律明文规定土地可以转让，如此一来，一部分丧失了土地的人就没有了公民权，斯巴达公民的数量逐年递减，从最初的九千户一直锐减到了七百户。公民人数的下降也直接导致了兵源的减少以及军事力量的削弱。各种问题引发了斯巴达尖锐的社会矛盾，人民起义一浪高过一浪，除了美塞尼亚人之外，庇里阿西人也开始参与起义，甚至连斯巴达人也加入进来。

公元前 244 年，阿基斯四世继任斯巴达国王之位。面对国内严峻的社会形势，阿基斯四世不得不开展一场大刀阔斧的改革。斯巴达当时仅剩七百户公民，阿基斯四世要求重新对这七百户公民的土地进行分配，从而使一部分破产的斯巴达人和庇里阿西人有了重新获得土地的机会。阿基斯四世这样做的目的不仅在于缓解社会矛盾，还想借此强化军事力量。

阿基斯四世为了鼓励斯巴达公民将土地交出来重新进行分配，他还带头将自己的土地奉献了出来。不过，他的政敌们对阿基斯四世的这种做法非常不满，尤其是这激怒了斯巴达的另一位国王列奥尼达二世。为了阻止阿基斯四世的改革，列奥尼达二世联合了斯巴达的监察官，准备将阿基斯四世驱逐出斯巴达。不过，列奥尼达二世的密谋却被阿基斯四世知道了，于是他抢先一步反过来将列奥尼达二世赶出了斯巴达，并重新任命了监察官。

让阿基斯四世没想到的是，新的监察官对他的改革也表示反对，甚至监察官还联合了贵族阶层一同反抗他的改革。正值内乱之时，阿基斯四世又遇到了外敌，埃托利亚同盟向斯巴达发起进攻，阿基斯四世不得不出兵迎战。后来，国内的反对者抓住了机会，他们将列奥尼达二世请了回来，很快就将阿基斯四世赶下了台。并且为了铲除后患，反对者使阿基斯四世在不久之后遭到了暗杀。

公元前 235 年，克里昂米尼三世在成为斯巴达国王之后也开始了他的改革。与阿基斯四世不同的是，克里昂米尼三世吸取了前者的经验，不再手软，改为采用暴力手段。克里昂米尼三世改革中的一项重要任务就是将监察官制度废除，为此，他派人杀害了当时在任的监察官。为了增加公民人数，克里昂米尼三世还将一部分土地分给了斯巴达社会的第二等人庇里阿西人，并吸纳他们为斯巴达公民。

在国内改革如火如荼进行着的同时，克里昂米尼三世对外还同阿卡亚同盟进行争斗，夺取了大量的财富，以此来支持国内改革。斯巴达强大的军事力量让阿卡亚同盟的首领阿拉图十分惧怕，为了攻打斯巴达，阿拉图不惜向马其顿求救，得到了安提柯的援助。斯巴达人虽紧急增援了两千希洛士兵进行殊死搏斗，但是终究抵不过阿卡亚同盟与马其顿军的联合攻击，难逃惨败的命运。这一战失败之后，克里昂米尼三世就在逃亡的途中自杀了。此后，斯巴达被马其顿军占领，境内贵族又重新获得了土地。

克里昂米尼三世的改革以失败告终，此次改革的失败更是激起了斯巴达国内局势的混乱，各阶级之间的矛盾也愈发深刻。终于，在公元前 207 年，一场相当猛烈的政变在一个名叫纳比斯的人的带领下发动了。纳比斯带领着那些破产了的斯巴达公民建立了僭主政权。纳比斯上台之后就将富人的土地分给了贫穷的人民，还给了一些希洛人人身自由。对于贵族阶层，纳比斯毫不客气地将其驱逐，而那些曾经受到贵族迫害而逃离斯巴达的公民则再次踏上了祖国的土地。在纳比斯的治理和建设下，斯巴达国内的局势有所好转。

然而，就在斯巴达向着繁荣的方向发展的时候，却遭到了来自马其顿和阿卡亚同盟的觊觎。阿卡亚同盟为了打击斯巴达，不惜借助马其顿的力量来对付自己的同胞。与此同时，罗马人对斯巴达也发动了战争，致使刚刚稳定下来的斯巴达又一次陷入四面楚歌的境地。在统治了斯巴达十五年之后，纳比斯于公元前 192 年被人暗杀，此后斯巴达被阿卡亚同盟所掌管，曾经在历史上倔强不屈的斯巴达人终于难逃衰败的命运。

（三）

罗马铁蹄踏平古希腊大地

伯罗奔尼撒战争之后，希腊各城邦陷入混战的局面，之后被强大的马其顿占领。后来，马其顿大将安提柯在亚历山大大帝去世后几经征战，终于在马其顿和古希腊地区建立起了强大的安提柯－马其顿王朝。不过，希腊的诸城邦虽然被马其顿所控制，但却不服马其顿的统治，并成立了埃托利亚同盟和阿卡亚同盟与其对峙。此后，这两个同盟与马其顿之间展开了三角式的争斗，这更是让古希腊地区陷入了一片烂泥之中。就在古希腊地区发生内乱的时候，在亚平宁半岛上却悄然崛起了一个新的强国——罗马。

罗马在将亚平宁纳入自己的版图之后就开始向东进发，当看到希腊陷入内乱时，更是坚定了要将其征服的野心，并先将一些地中海的沿海城市收入了囊中。此时，马其顿国王腓力五世正联合阿卡亚同盟使斯巴达的改革付之一炬，随后，腓力五世又无情地杀害了阿卡亚同盟的统帅阿拉图。就在这个时候，罗马人东扩的企图被腓力五世发现了，愤怒之下，腓力五世联合了迦太基的著名将领汉尼拔，想要共同给罗马人以打击。迦太基是地中海一带的强国，此前也受到过罗马人的侵犯，于是与罗马人的战争很快就爆发了。

公元前215年，第一次马其顿战争爆发。由于罗马将大量的兵力都投入到了与迦太基在亚平宁半岛的战斗中，所以只派了很少的兵力与马其顿作战。迦太基名将汉尼拔认为这是给罗马人致命一击的绝好时机，于是劝说腓力五世向亚平宁半岛派兵。然而，对于汉尼拔的提议，腓力五世却始终举棋不定，他担心迦太基万一败在罗马人的铁蹄之下，那么马其顿肯定是罗马人下一个攻打的目标。而且此时马其顿还要防范和镇压伺机而动的希腊诸城邦，最终，他拒绝了汉尼拔的提议。

而在罗马方面，他们一边与迦太基在亚平宁半岛激战，一边又派人前往古希腊地区寻求结盟，以便对马其顿在这一地区的势力进行牵制。公元前 211 年，罗马人成功地与埃托利亚结盟，并给对方开出了一系列结盟之后可获得的好处，于是，其他的希腊城邦也纷纷要求与罗马结盟。到了这个时候，腓力五世才知道自己打错了算盘，因为没有答应汉尼拔出兵亚平宁以削弱罗马人的势力，反倒让罗马先发制人，控制了希腊的诸城邦。最终，马其顿为了保全自身，于公元前 205 年与罗马缔结了和约，第一次马其顿战争宣告结束，双方不分胜负。

马其顿虽然与罗马缔结了和约，但是凭借着第一次马其顿战争，机智的罗马人已经控制了古希腊地区的局势。当罗马人击败迦太基人之后，他们更是掌控了地中海一带，也因此独霸海上。腓力五世预感到，马其顿即将成为罗马人征服的目标。为了不败在罗马人的铁蹄之下，腓力五世也开始聚集兵力。而说到致使第二次马其顿战争爆发的导火索，还要提起埃及的托勒密王朝。

公元前 205 年，托勒密四世去世，继承王位的是一位年幼的国王，并因此引起了王宫之内的权力争夺。埃及托勒密王朝的内乱让马其顿和塞琉古王国看在了眼里，顿时起了攻占之心。之后，马其顿就和塞琉古缔结了秘密协约，准备共同瓜分埃及在欧亚的势力范围。这两个国家的结盟让埃及人非常惶恐，不得不向罗马求助，而对于埃及的求救，罗马人欣然应允。罗马以埃及的监护人身份警告了蠢蠢欲动的马其顿和塞琉古，因而激怒了腓力五世和塞琉古国王安条克三世。就在这个时候，罗马人以保护埃及为由向马其顿宣战，第二次马其顿战争爆发了。

很快，罗马就派兵进入了协助敌方的雅典，并从雅典出发对马其顿人所居住的地区进行了洗劫。罗马人的举动让腓力五世非常愤怒，他随后派兵攻打雅典，却以失败告终。腓力五世对这次的失败很不甘心，为了发泄心中的怒火，临走之前还将雅典附近的地区洗劫一空。腓力五世此举很快就激怒了希腊的众城邦，除了阿卡亚同盟之外，它们纷纷支持罗马攻打马其顿。之后，罗马人又成功争取到了阿卡亚同盟的支持，至此，古希腊地区已经被罗马人所掌控了。

公元前 197 年，腓力五世率领的马其顿军与罗马军队激战，最终因战败而向罗马求和。罗马人接受了马其顿的求和，并与其签订了和约，规定马其顿的军队人数不能超过五千人，腓力五世需要退居到马其顿地区，不再拥有其他领地，并承认希腊各个城邦独立。此外，马其顿还要向罗马支付巨额的赔款。就这样，马其顿的势力被大大地削弱，悲惨地沦为该地区的一个小国家。

当原本强大的马其顿逐渐沦为罗马的附属国之后，公元前 179 年，腓力五世也因此抑郁而终。这时，他的儿子佩修斯站了出来。看到国家成了这个样子，佩修斯心中十分不服气，于是决定集结武力，准备进攻罗马。战前的一段时间内，佩修斯开始密谋，他派密探前往罗马，并利用与罗马为善的表象暂时骗过了罗马人。而在国内，佩修斯就趁着这段时间扩军备战。

可是，佩修斯暗中的计划最终还是被罗马人知道了。公元前171年，罗马先向马其顿宣战了。计划被打乱的佩修斯十分焦急，他急忙向伊利里亚和色雷斯求助，可是都被拒绝了。无奈之下，佩修斯只能孤军迎战。其实，罗马攻入古希腊地区之后的战斗进行得并不顺利，由于不适应山区的地形，即使接连换了三名大将指挥作战都无法改变罗马军队受挫的状况。为了转变作战状况，罗马派上了执政官埃米利乌斯作为军队的统帅。由于此人极具军事才能，在他对军队重新编排布阵之后，罗马军队的作战效能得到了极大的提升。士气大振的罗马军在埃米利乌斯的率领下乘胜追击，而率领着三万马其顿士兵的佩修斯却在对方的紧逼之下不断后退，并停驻在了北部的皮德那。

公元前171年6月22日，追上马其顿部队的罗马军队与对方在皮德那展开了激战。在这场战斗中，马其顿先发制人，将罗马军队的前锋击溃。而罗马方面，由于无法从正面突破马其顿的阵形，只好先撤退。此时，马其顿军队追了上来，但是因为山地的地形极为崎岖，导致马其顿原本整齐的布阵被打乱了。罗马军见状，立刻冲入马其顿军队的布阵之中，给了对方致命的一击。

眼看着就要溃败，佩修斯仓皇而逃，而他的逃窜导致马其顿的士兵们顿时没了主心骨，大家纷纷开始逃跑。最终，三万马其顿大军有两万人战死，另外一万人被罗马军队俘虏。逃跑后的佩修斯最终也被罗马军队擒获，在被关押一年之后死去。胜利的罗马很快就宣布安提柯－马其顿王朝灭亡，随后又将这个国家分成了四个共和国。表面上看，马其顿被分为了四个国家，实际上，这四个共和国都成为了罗马的行省。罗马要求各共和国每年要将收缴的赋税上交一半给罗马，且各共和国公民之间不允许通婚，不允许贸易往来。

罗马对马其顿人的残酷统治激起了当地人的不满情绪，公元前149年，一个叫安得利斯克的人谎称自己是佩修斯的儿子发动了起义。虽然有其他希腊城邦和色雷斯人的帮助，但是安得利斯克的起义最终还是失败了。公元前146年，为了防止马其顿人再次发动起义，罗马不再伪装对马其顿的统治，正式将马其顿纳入罗马的版图，成为罗马的行省。

马其顿覆灭了，却又来了一个更加强大的罗马，希腊人同样不能接受这新来的外族统治。然而，因为在之前对马其顿人的起义中希腊人给予了帮助，因此罗马要给希腊人以惩罚。最终，罗马人在占领了科林斯之后又攻占了其他希腊城邦，将古希腊地区全部纳入了罗马的行政版图。随后，塞琉古王国和埃及的托勒密王朝也落入了罗马人的掌控之中，成为了庞大的罗马帝国的一部分。

亚历山大帝国被罗马人瓦解了，但是古希腊的文化却没有随着帝国的瓦解而葬送，相反，入侵的罗马人对其文化非常感兴趣，一时间，在罗马人中兴起了对古希腊文化的学习。在后来的统治中，罗马人不断地吸收古希腊文化，将其融入自身的文化之中，形成了灿烂辉煌的罗马文明。

一八、盲诗人荷马

关于希腊历史上的盲诗人荷马，流传着许多故事，但有人认为他根本不存在，是后人虚构出来的一个人物。古希腊长篇叙事史诗代表作《伊利亚特》和《奥德赛》真的是他编写而成的吗？历史中的荷马双目失明，弹奏着七弦琴走遍了希腊各地，为人们唱着一个又一个故事。在西方人的眼中，荷马和他创作的诗篇是西方文学史上的一座丰碑。

（一）

荷马身世之谜

在古希腊文学史上，有一位伟大的人物不得不提，他就是著就了《荷马史诗》的大诗人荷马。荷马的一生成就非凡，为后世留下了宝贵的精神财富，可是他的身世却始终是个谜团。《荷马史诗》中所描绘的时代是公元前 12 世纪，然而根据内容中的社会背景来推断，荷马实际上表现的却是公元前 9 世纪至公元前 8 世纪的事情。在《荷马史诗》中真实地记录了那段时间的文化、政治等各方面情况，为后人研究那段历史提供了丰富翔实的资料。因此人们推断，荷马就是生活在那个时间段的。

可以说，荷马是历史上争议最大的一位诗人，荷马留在历史上的资料实在太少了，其真实姓名不详、家庭背景不详、出生年月不详，人们对他的生平几乎是一无所知。有的人认为荷马是爱奥尼亚人（希腊民族的一支），喜欢旅游，在希腊大地各处都留下了足迹，最后病逝于爱琴海沿岸的一个小岛上。不过这一切没有确凿的证据支持，都是后人的猜测。有些人就对荷马是否存在表示了怀疑，他们认为荷马并不存在于希腊历史中，荷马不是一个人的名字，而是众多诗人的代称而已。

人们认为《荷马史诗》中宏大的战争场面，还有一些细微的描写，不是一个盲人可以写得出来的，而且两部史诗的写作年代前后相隔数百年，不可能是一个人能够完成的。不管后人对于荷马其人的真实性如何猜测和研究，在现在的学术界里，还是认为荷马这个人是真实存在的，是一个天才级别的诗人。他所著的两部史诗内容之所以内容年代相隔百年，那是因为他是将散落在各地的传说、故事整合到了一起，加以个人的再创作，才形成了这样一部内容大气磅礴的史诗。

除了身世之谜外，荷马的性别在后人的研究中也引发了争端，原本认为荷马毋庸置疑是男性诗人的说法在一个英国历史学家那里遭到了怀疑，他认为荷马很有可能是一个女人。那么，这种论断究竟从何而来呢？原来，这位英国历史学家从对《荷马史诗》的社会背景和写作手法研究后认为，那个时代的女人在当时的诗坛占据主导地位，再加上史诗中所描绘的人物和事件都能够从多个层面进行分析，其手法和投入的情感都非常细腻，因此推断创作《荷马史诗》的荷马实际上是一个女诗人。

然而，无论荷马本人的身世和性别有着怎样解不开的谜团，其对西方文学所作出的贡献都是无法磨灭的。《荷马史诗》由两部史诗共同组成，一部叫《伊利亚特》，另一部叫《奥德赛》，每部二十四卷，前者有诗句 15693 行，后者有诗句 12110 行，是对民间流传的关于特洛伊战争中所发生的故事的集结。最初的《荷马史诗》只是通过吟唱的形式口耳相传，直到公元前 6 世纪，在雅典才出现了文字记录。后在公元前 3 世纪到公元前 2 世纪期间，由亚历山大城的学者进行整理，才有了完整的定型作品。除了在文学上的成就之外，《荷马史诗》在记录公元前 8 世纪的文化、政治和社会生活等方面都具有极高的史料价值。

（二）

《荷马史诗》

特洛伊战争一共打了十年，不过在《伊利亚特》中，却只以第十年中的五十一天为背景展开叙述，从阿伽门农因为抢夺布蕾色丝而将阿喀琉斯激怒，致其退出战争，一直讲述到阿喀琉斯为了给好友帕特克劳斯报仇雪恨而将赫克托尔杀死，赫克托尔的父亲又前来向阿喀琉斯祈求收回儿子的遗体，最终将其安葬。

而《奥德赛》讲述的则是希腊联军胜利之后，奥德修斯为了回国与家人团聚在海上的历险，并最终利用自己的聪明才智获得成功的故事。

奥德修斯的聪明早在木马计的设计上就体现了出来，当希腊人大败特洛伊人之后，他就急切地想要回家与自己的妻儿团聚。可是，就在归国的途中，奥德修斯却因为触犯了神灵招致其船队被海风吹翻，在很多船员纷纷送命之后，侥幸逃生的奥德修斯又带着余下的人继续漂泊在大海之中。

之后，奥德修斯所在的船只来到了喀孔涅斯人所居住的地方，但由于喀孔涅斯人一直以希腊为敌，所以船上的希腊士兵又有一部分遭到了杀害。奥德修斯迅速带领残存的人逃离，却在无意之中来到了一个叫梦之乡的王国。梦之乡里生长着一种能够让人忘记往事的果实，一些希腊士兵吃过之后都忘记了自己此行的目的，不再前行。在奥德修斯的强行手段之下，才有人没吃下果实，跟随着他离开了梦之乡。

离开了梦之乡的奥德修斯一行人重新回到了海上，不久却又迷失了方向，被一个只有一只眼的巨人抓走了。巨人将他们带到了自己居住的山洞中，并且关了起来，等到饿的时候就随手抓出一个士兵在火上烤了吃掉。此时的奥德修斯焦急万分，于是他想到了一个计谋。一天，奥德修斯将巨人灌醉后用木棒戳瞎了他独有的一只眼睛，随后赶紧带着其他的士兵逃走了。

逃脱了巨人魔掌的奥德修斯一行人再次漂流在海上，经过一段时间的航行之后来到了风神所在的岛屿。看到奥德修斯他们如此可怜，风神就送给了他们一个可以帮助船只在顺风中行驶的风袋子。可是，奥德修斯在晚上睡着之后，风袋子却被他的士兵们打开了。只见风袋的口一经打开，海面上立即狂风大作，他们的船只也不知道被吹到了哪里。接着，奥德修斯又遭遇了食人族，还曾被一个女巫变成了猪，有幸得到神灵的帮助才又变回了人。

之后，来到了世界尽头的奥德修斯在冥间与自己已经去世的母亲和朋友进行了一次灵魂的交谈。交谈中，奥德修斯才得知自己的妻子和儿子所遭遇的事情，这更加坚定了他要回国的决心。再次起航后的奥德修斯来到了一个叫塞壬的女妖的岛上，她能唱出动人的歌声，听者会为此神魂颠倒并最终死去。奥德修斯虽然知道这歌声的魔力，却还是想听一听，于是他把士兵们的耳朵塞住，并让他们把自己牢牢地绑在桅杆上。这样，奥德修斯不仅听到了令他心醉神迷的歌声，又不至于因此送命，逃过了这一劫。

随后，奥德修斯和他的士兵们来到了太阳神放牧神牛的特里那喀亚岛。饥饿难耐的士兵虽然知道杀害神牛会招致怎样的后果，可为了填饱肚子还是这样做了。知道此事后的宙斯在愤怒之下用霹雳劈碎了船只，除了奥德修斯因为抓住了一块舢板而幸免于难之外，其余的人都在这次劫难中死去了。孤身一人的奥德修斯在海上漂了九天九夜之后，在一个岛屿上被一名叫卡吕普索的仙女收留了。后来仙女爱上了奥德修斯，并承诺只要奥德修斯愿意留在岛上，那他将会永远年轻。可是，一心想要回到家乡的奥德修斯却不为所动，最终在众神的帮助下，仙女才将他放走了。

这一次，奥德修斯自己制造了一艘木筏，经过了十七天的漂泊后即将登上斯克里亚岛。可就在这时，不幸再次降临。奥德修斯的木筏在突如其来的一场风暴中被击得支离破碎，他在海水中拼命挣扎之后才上了岸。来到斯克里亚岛上之后，那里的公主收留了眼前这个可怜的人。当得知奥德修斯的悲惨遭遇之后，国王又将一艘船赠给了他。这样，奥德修斯才驾着这艘船最终回到了自己的故乡伊塔卡。至此，奥德修斯已经在海上漂泊了十年。

二十年没有回家的奥德修斯不知道，他的家乡已经发生了翻天覆地的变化，自己的家人也遭到了侵扰。原来，在奥德修斯离家的这二十年中，他的妻子因为美丽的外表一直有很多人向她求婚，然而始终对丈夫忠贞不渝的她却不为所动，凭借超强的意志等待着丈夫的归来。为了躲避这些骚扰她的人，妻子使出了一个计谋。她对求婚者们说，她的丈夫奥德修斯离家之前留下了一把弓箭，只要能将弓拉开，她就会嫁给那个人。前来求婚的人都纷纷争抢着拉弓，可是他们使出浑身的力气这张弓都纹丝不动。这些求婚者受挫之后却又赖着不走，整日在王宫中大吃大喝，让奥德修斯的妻子非常苦恼。

奥德修斯的儿子一直在外寻找失散多年的父亲，当他与父亲团聚之后就将宫中的事情告诉了父亲。得知自己的妻子被如此骚扰之后，奥德修斯愤怒至极，但是又不动声色地打扮成了乞丐来到了王宫。当旁人都哈哈大笑地看着奥德修斯拿起那把弓时，只见他大力将它拉开，一一将这些人射死。就这样，奥德修斯一家人终于得以团聚。

就是现在来看，《荷马史诗》依然具有很高的文学水平，诗歌中描写的战争场面宏大，情节细腻，人物形象丰满。阅读《荷马史诗》可以说是在享受一场文学盛宴。

心胸豪壮的提丢斯之子夺走了战马，
交予伙伴，牵回空心海船之上。
心志高大的特洛亚人目睹达瑞斯两个儿子，
一个惨死在车旁，一个逃跑，
无不胆战心寒。
目光炯炯的雅典娜拉住战神，说道：
“阿瑞斯！可怕的杀人狂！
我们应让双方独自激战下去，不要插手，
父王宙斯自会决定哪一方会取得胜利。
我们还是避免激怒宙斯吧！”
说着，拉着阿瑞斯离开战场，
让他坐在斯卡曼德罗斯河的高岸之上。
人人都杀死一个敌手。
国王阿伽门农首先把哈利宗人的首领奥狄奥斯撂下战车，
在对手转身逃跑之时，一枪刺中双胛之间，
枪尖直入他的胸腔，
他轰然倒地，身上的铠甲琅琅作响。
伊多墨纽斯杀死了波罗斯之子费斯托斯，
他来自土地肥沃的塔尔涅。
登车时，神枪手伊多墨纽斯掷出了长枪，

枪尖捣入他的右肩，击落车下，
可恨的黑暗罩住了他的生命。
伊多墨纽斯的随从剥掉了死者的铠甲。
同时，阿特柔斯之子墨涅拉奥斯，用锐利的铜矛
杀死了斯特罗菲奥斯之子斯卡曼得里奥斯。
他是能干的猎手，阿耳特弥斯亲自教会他
如何跟踪野兽的足迹。
可惜此时射猎女神的教导
和高明的枪术均无用处。
在他向前奔跑之时，
阿特柔斯之子的铜矛刺中他的后背，
矛头穿透了胸膛。
他轰然倒地，身上的铜甲琅琅作响。

一九、古希腊文学名人

希腊历史中，人才辈出，不论是生活优越的贵族，还是贫贱低下的奴隶，都涌现出许多卓越的人才。被赞为“缪斯女神”的希腊女诗人萨福，她笔下的诗歌蕴含丰富感情，文风细腻。奴隶伊索，在他讲的每一个小故事中都蕴含着大智慧。还有写下《历史》的希罗多德，他游历希腊，写下伟大的历史著作。

（一）

“缪斯女神”：萨福

“我觉得同天上的神仙可以相比/能够和你面对面地坐在一起/听你讲话是这样的令人心喜/是这样的甜蜜/听你动人的笑声/使我的心/在我的胸中这样的跳动不宁/当我看着你/波洛赫/我的嘴唇发不出声音/我的舌头凝住了/一阵温暖的火突然间从我的皮肤上面溜过，我的眼睛看不见东西/我的耳朵被噪声填塞/我浑身流汗/全身都在战栗/我变得苍白/比草叶还要无力/好像我几乎就要断了呼吸/在垂死之际”

这首名为《给安娜多丽雅》的诗出自希腊一位著名的抒情女诗人之手，她就是萨福。大约在公元前630年，萨福出生于莱斯沃斯岛上的一个贵族家庭。萨福的父亲是位喜爱诗作之人，在他的影响下，小萨福也渐渐地爱上了文学，尤其是诗歌。由于萨福家境富裕，所以她可以自由地选择自己想要的生活。

萨福后来嫁给了一个贵族青年，但是究竟是出于她的自愿还是环境所迫，已经无从考证了。婚后萨福生了一个女儿，然而没过多久萨福就离家出走去了西西里岛。在西西里岛居住了一段日子之后，萨福又回到了生养自己的家乡，并在那里度过了她的一生。

在莱斯沃斯岛上，萨福开办了一间女校，专门指导女孩儿作诗吟诗。在学校里，面对那么多的年轻女孩儿，萨福既像是一位姐姐，也像是一位母亲，悉心地呵护着那里的每一朵“花儿”，让她们在爱中学习诗歌，懂得爱。萨福还为这些姑娘们写下许许多多的诗歌，来赞美她们的美貌和纯真。

从《给安娜多丽雅》中我们可以看出，萨福在她的抒情诗中多表现出对女性的热爱，她也因此被人认为是一个女同性恋者，然而，关于萨福的死，却有人说是因为一个男人。据说萨福是个美丽的女子，有很多男性都热烈地追求过她，可是她却不为所动。直到后来，她爱上了一个叫法翁的男人，才不再爱恋女性。

萨福为了得到法翁的爱可谓付出了很多，可是对方却无法爱上她。绝望之下，萨福选择了自杀，在最好的年华里为了爱情放弃了生命。关于萨福的自杀方式，有人说是跳海而死，也有人说她是从悬崖上跳了下去。不过也有一些史学家认为萨福是自然死亡的，于公元前550年去世。

在古代希腊，人们对同性恋者是极为宽容的，甚至会因为某种原因鼓励同性恋者。因此，萨福对女性的爱恋并没有遭到外界的唾弃。相反，她的诗歌感动了无数的人，人们纷纷为自己所在的时代有如此才华横溢的女诗人而感到无限的荣光。而希腊文 lesbos（莱斯沃斯岛）也逐渐衍生为“女同性恋”的意思，也就是英文中的 lesbian。不过到了中世纪时，同性恋被视为异端，萨福的诗歌因此遭到了焚毁，只有很少的一部分幸运地留存了下来。

萨福的诗歌富含着丰富的情感，炽热又不失温婉。英国诗人拜伦曾在他的长诗《唐璜》中赞叹说，萨福在诗歌中表达的情感如火焰一般炽热。她还第一次用第一人称的口吻作诗，并且打破了诗歌原有的体裁，独创了“萨福体”，用真挚的情感为诗歌注入了新的生命。由于古希腊掌管文艺的女神总共有九位，为了给萨福以无限的尊敬，柏拉图甚至称她为“第十位缪斯女神”，她在当时的影响由此可见一斑。

关于萨福的长相，自古以来也是相当有争议的。有人说萨福是个极美的女子，一次她因为犯了罪而被法庭宣判死刑，她当场脱去了衣物。当萨福露出美丽的胴体之后，在场的人都惊呆了，纷纷请求法官宣判萨福无罪，理由是萨福太美了。当然，也有一些人说萨福其实长得并不好看，甚至可以用丑来形容，也因此没有男人爱她，她只好转而爱恋女性。

“男有荷马，女有萨福。”这也许是后人对萨福最高的评价了，而萨福对欧洲诗歌的影响也的确是深远的，她对古罗马诗人卡图卢斯和贺拉斯等都有过不小的启发。萨福还在世的时候，她的头像就被印在了钱币上，这也是当时的人们对萨福喜爱之情的一种表现。

（二）
伊索寓言

公元前6世纪的希腊，有一个很著名的奴隶名叫伊索。伊索虽然出身低贱，但却有着丰富的生活智慧，他所讲述的每一个小故事都简单易懂，但却蕴含着发人深省的大智慧，在今天来看，伊索讲的故事中所揭示的哲理依然很耐人寻味。

相传伊索生活在小亚细亚，其貌不扬、身材矮小，而且还是个哑巴，因此不讨别人的喜欢。他的家人、亲戚常常嘲笑他的生理缺陷，对他冷嘲热讽，但是伊索的母亲非常爱他，对他不离不弃。伊索的母亲认为伊索是个可怜的孩子，他应该得到比别的孩子更多的关心与爱护，便时常抱着他，给他讲各种各样的民间传说和有趣的故事。

在母亲的爱护下，伊索得到了很好的教育，他成长为一个有爱心、懂得包容别人的人。但好景不长，母亲去世了。没有了母亲呵护的伊索生活变得很苦，无人照顾他，周围的人都不喜欢他，常常会骂他、打他，伊索只好四处流浪。比起人们对他的冷漠来，伊索更喜欢去田间、山林里待着，在那里，他能够和大自然和谐相处，也不用担心有人会看不起他。

相传，有一天晚上，伊索在山林间睡着了，他梦到了神灵向他微笑，然后神灵把手指伸到了他的嘴巴里。第二天早上，伊索醒来后发现自己竟然能够开口说话了，而且说得十分流利，伊索认为这是神灵在帮助他。从那以后，伊索便成了一个故事家，他依旧是四处流浪，但他不再像以前一样躲避人群，而是给人们讲故事，用故事来唤醒人们心中的爱。

有一天，伊索的主人吩咐伊索宰杀一头羊，然后用羊身上最美味的部位给他炒一盘菜，伊索答应了。不一会儿，伊索就给主人端上了一盘炒羊心和羊舌头。第二天，主人又吩咐伊索，用羊身上最难吃的部位给他炒一盘菜，伊索端上来的还是一盘炒羊心和羊舌头。主人不解地问伊索，为什么两天端上来的是同一样菜，伊索解释道：“主人啊，如果心地正直善良、语言公道的话，那就是世界上最美好的东西。但如果是心地丑恶阴险、语言肮脏的话，那就是这世界上最丑恶的东西。”

还有一次，伊索去赶集，他在赶路的途中看到了两个人在互相吹嘘，牛皮都吹得很大。一个人说自己只要跺跺脚就可以令大地颤动，另一个人说自己只要打个喷嚏就能令大山倒塌。伊索听了他们的话后，微笑着为他们讲了个故事。伊索的故事是这样的：有一天，狮子和一个人一起赶路，他们在路上也是这样互相吹嘘自己，当到了一个路口的时候，他们看到了一块石碑，石碑上刻着一个人征服几头狮子的图案。那个人便非常骄傲地指着石碑上的图案说：

“你看，这总可以证明我们人类比你们狮子强得多了吧。”狮子看过后微微一笑，回答道：“如果我们狮子会雕塑的话，那你就会看到狮子脚下倒着更多的人。”狮子的话令那个人羞愧不已，不再开口。伊索讲完这个故事后，那两个在路边吹牛的人也面面相觑，羞愧地走开了。

伊索喜欢动物，他也常常用动物的故事来揭示人性中的真理。伊索讲过一个关于狐狸的故事。一只狐狸失足掉进了井里，那口井很深，无论狐狸怎么爬都爬不上去，正当狐狸束手无策的时候，一只口渴了、正在四处找水喝的山羊来到了井边，山羊看到狐狸在井底下，便问狐狸井里的水好喝不好喝。狐狸觉得机会来了，便一个劲地称赞井水特别甘甜。狐狸的话令山羊感到更口渴了，山羊便想也不想地跳下井去，但是当山羊喝饱水后，才发现自己爬不上去了，山羊便和狐狸一样商量对策。狐狸说让山羊垫底，把自己顶上去，然后再救山羊出去。山羊照做，狐狸终于跳出了井口。但狐狸逃出去后，并没有打算救山羊，山羊指责狐狸不守信用，狐狸反倒说：“朋友，如果你的头脑像你的胡须那样完美的话，你就不至于在没看清出口之前就盲目地跳到井里去。”伊索通过这个故事告诉人们，聪明人做事情要先考虑清楚，不要盲目行事。

讲故事成了伊索生活的一部分，他靠着讲故事救过人，还帮助过很多需要帮助的人，伊索的主人非常喜欢伊索，便解除了他的奴隶身份，让伊索获得了自由。得到自由的伊索依旧四处流浪，给人们讲故事。但后来，刚正勇敢的伊索得罪了一位贵族，那位贵族便怀恨在心，借口伊索在故事中亵渎了“神灵”，将伊索处死了。

伊索虽然离开了人世，他讲的那些故事也没有记录在册，只是口口相传，流传在民间。但人们都非常怀念他，将他那些生动的故事搜集起来，形成了《伊索寓言》。《伊索寓言》中的故事大多是以动物为主角，反映了社会上形形色色的人。《伊索寓言》也被誉为“西方寓言的始祖”。

（三）
“历史之父”：希罗多德

希罗多德于公元前 484 年出生在小亚细亚的哈利卡纳苏斯城，他的父亲是一个富有的奴隶主。希罗多德从小衣食无忧地长大，无忧无虑的他可以专心埋头学习，是一个聪明勤奋的孩子。由于酷爱读书，尤其喜欢读历史书，希罗多德从历史中学习和领悟到了很多道理。希罗多德所生活的哈利卡纳苏斯城的统治者是通过阴谋篡夺了政权的人，对此，城中有正义感的人一直想要夺回政权，推翻篡权者的统治。希罗多德的叔叔是当地的一位著名诗人，思想开化，他对当地僭主的残暴统治非常不满，便联合了一些人起来反抗，希罗多德也跟随叔叔参与了推翻僭主的运动。然而，这场运动最终遭到镇压，他的叔叔被杀害，希罗多德被放逐。后来，僭主的统治被推翻，希罗多德得以返回家乡，但是因为与新的当权者不和，只得再次离开故乡，从此他便再也没有回过家乡。

三十岁的希罗多德离开故乡后，先是在萨摩斯岛居住了一阵子，然后便开始周游世界。在此后的十年时间里，他寻访各地的历史古迹，考察当地的社会风俗和民情状况，他喜欢和当地人打成一片，听当地人讲一些有趣的故事和传说，并把他的见闻都记录下来，这些资料对他后来写作《历史》帮助很大。

公元前445年，希罗多德来到了雅典，当时的雅典经历了希波战争和梭伦改革，已经进入了发展的黄金时期，一派欣欣向荣的景象。希罗多德感慨雅典的繁华，他认为自己终于到了梦想中的城邦，便在雅典定居。他积极融入雅典当地的生活，同当地人交往，很快同雅典当时的一些名人交上了朋友，比如政治家伯里克利、剧作家索福克勒斯等。

希罗多德十分欣赏和崇拜雅典的民主政治，对于雅典的强大战斗力更是赞赏，他收集了很多关于雅典的历史资料。当时，希波战争已经过去了几十年，希罗多德便四处寻找曾参与当时战争的人，向他们求证当时的历史，他希望自己能够写一部叙述希波战争的历史著作，留给后人一部丰厚的史诗。在公元前443年的春天，雅典人在意大利南部建立了新的城邦，希罗多德跟随雅典人移居到了那里，并成为那里的正式公民。在那之后，希罗多德便将全部精力投入写作《历史》之中，但是他预想中的巨著还没来得及完成，便于公元前425年去世了。

《历史》是希罗多德留给后人的一笔财富。这部著作又名《希腊波斯战争史》，一共有九卷，分别以九位缪斯女神的名字作为标题，第一卷到第五卷主要叙述了希罗多德在前半生旅行过程中的所见所闻、风土人情等；第六卷到第九卷主要叙述了希波战争的全过程，题材宏大，人物众多，而且个个都性格鲜明，可读性很强。书中展示了近二十个国家和地区的生活景象，就像一部“社会百科全书”。希罗多德将史料记载和他的亲身体会结合在一起，可以说《历史》是西方史学的第一座丰碑，为西方历史学开辟了一个新的时代。希罗多德不但翔实地叙述了当时的历史，并在文中加入了自己的点评和思想。他认为，希波战争中，波斯是应当受到谴责的，因为波斯过于贪心，为了满足自己的私欲而去奴役那些无辜的人。同时，他也分析了波斯失败的原因，有理有据，非常令人信服。

可以说，《历史》不仅史学价值高，文学价值同样也很高，被认为是西方“第一部著名的散文作品”。希罗多德很善于刻画人物，他笔下的人物，大到国王、大臣，小到平头百姓，都性格鲜明，语言生动。《历史》首创了西方历史著作的叙事体体裁，为后人的历史写作提供了范例。希罗多德无愧于“历史之父”的称号。

二〇、古希腊三大悲剧作家

古希腊悲剧最早源于祭祀酒神狄奥尼索斯的庆典活动，大多取材于神话故事、英雄传说和史诗等，多以严肃的内容作为戏剧题材。在后来的演变和发展过程中，逐渐形成了西方戏剧的雏形。古希腊悲剧中所描写的冲突是不可调和的，悲剧主人公也具有很强的英勇精神，但往往都在与命运的对抗中失败了。古希腊悲剧独一无二的魅力为文化宝库注入了丰厚的内容，而著名三大悲剧家埃斯库罗斯、索福克勒斯和欧里庇得斯更是将古希腊悲剧推上了新的高峰。

（一）

“悲剧之父”：埃斯库罗斯

公元前525年，在雅典贵族势力中心埃琉西斯的一个古老的贵族家庭里，埃斯库罗斯出生了。他所成长的年代正值希庇亚斯的残暴统治时期，贵族与平民之间的斗争异常激烈。克里斯提尼改革之后，雅典社会的民主才有了新的发展。

埃斯库罗斯从小就表现出了对诗歌的极度热爱，25岁的他参加了人生中第一次诗人比赛，不过没能赢得比赛。不久之后，希腊和波斯之间因为矛盾而爆发了战争，埃斯库罗斯便加入了希波战争，又于公元前490年参加了马拉松战役，在公元前480年雅典被摧毁之后他参加了萨拉米斯海战。

公元前472年，埃斯库罗斯重新回到了雅典，并且凭借着一部《波斯人》获得了当年诗歌比赛的最高荣誉。此后，在埃斯库罗斯的一生中，他一共十三次赢得了这个奖项，只有在公元前468年败给了另一位大悲剧作家索福克勒斯。

埃斯库罗斯经常去西西里岛，公元前475年，抵达西西里岛的他在那里与诗人西摩尼得斯和品达相见。后来，埃斯库罗斯再次去西西里岛，传说因为他是光头，而被天空中叼着乌龟的老鹰误认为是一块光滑的石头，于是将口中的乌龟扔了下去，乌龟正好砸中了埃斯库罗斯的头顶，并让他因此送了命。不幸死亡的埃斯库罗斯被安葬在了格拉。

长期的战争生活给了埃斯库罗斯悲剧创作的灵感，同时也为他提供了大量的写作素材。埃斯库罗斯一生共创作了九十多部戏剧作品，有七十余部得以留存。而在这些戏剧作品中，完整传世的仅有七部，分别是《奥瑞斯提亚》《被缚的普罗米修斯》《乞援人》《七将攻忒拜》和《波斯人》，而《奥瑞斯提亚》又分为三大部分，为《阿伽门农》《奠酒人》和《复仇女神》，其中以《阿伽门农》最为著名。

《阿伽门农》以特洛伊战争为背景，讲述了希腊联军的统帅迈锡尼国王阿伽门农在取得战争的胜利之后回到自己国家后所遭遇的不幸。特洛伊战争结束之后，阿伽门农带着特洛伊公主卡桑德拉兴冲冲地回到了迈锡尼王国，此时，卡桑德拉预知到阿伽门农将要遭遇一场不幸，可是由于卡桑德拉得罪了太阳神阿波罗，所以她的预言虽然准确，但却不被人们相信。一次，阿伽门农外出之后，他的妻子吕泰涅斯特拉克借机与阿伽门农的堂弟埃库斯托斯通奸。由于阿伽门农在出征特洛伊之前，为了平息偶然得罪了的风神的怒气，只好将自己的女儿用于献祭，这才得到了风神的原谅，得以顺利出征。但是对于此事，吕泰涅斯特拉克却一直怀恨在心。如今，阿伽门农终于回来了，他的妻子准备伺机报复。在埃库斯托斯的协助之下，他们两人为阿伽门农设下了圈套，阿伽门农因此被杀害了。

《奥瑞斯提亚》的第二部作品讲述了阿伽门农的儿子长大后为父报仇的故事。由于当时是母系社会，所以杀害了母亲的俄瑞斯忒斯受到了复仇女神的迫害。而在第三部戏剧中，在雅典娜主持投票之下，俄瑞斯忒斯因雅典娜女神的一票幸得脱罪。在《奥瑞斯提亚》三部曲中，埃斯库罗斯传达了自己要求民主，以及希望社会向文明方向发展的美好心愿。

《被缚的普罗米修斯》也是埃斯库罗斯的重要作品，同样由三个部分组成，分别是《被缚的普罗米修斯》《被释放的普罗米修斯》和《送火者普罗米修斯》。《被缚的普罗米修斯》讲述了天神普罗米修斯通过盗取的形式将火种送给了人类，却也因此激怒了宙斯。为了惩罚普罗米修斯，宙斯命令威力神和太阳神将普罗米修斯钉在了高加索的悬崖之上，并且用风暴雨雪和烈日的炙烤对其进行折磨，以示警告。虽然太阳神阿波罗对正在遭受磨难的普罗米修斯非常同情，但是他却不能违背强大的众神之主宙斯的命令，再加上威力神的催促，阿波罗只好服从命令对普罗米修斯施以了惩罚。在这部作品中，埃斯库罗斯将宙斯描绘成了一个暴君，而普罗米修斯则为了给人类带来利益而坚决地牺牲了自己。

埃斯库罗斯的悲剧作品十分注重人物形象的塑造，他所描绘的英雄人物都具有非常坚强的意志力。埃斯库罗斯表现戏剧的情节并不复杂，但是抒情色彩浓厚，且矛盾异常激烈。而在思想表达上，埃斯库罗斯在弘扬民主的同时又略显保守。总的来说，在希腊悲剧尚处于早期发展阶段之时，埃斯库罗斯的悲剧作品以极高的文学性推动了悲剧艺术的发展，他也因此被人们尊称为“悲剧之父”。

（二）
“获奖最多者”：索福克勒斯

埃斯库罗斯的一生共获得了十三次戏剧奖，而他的后辈索福克勒斯则超越了他，曾二十四次获得了此项殊荣。大约在公元前 496 年，索福克勒斯出生在雅典克罗诺斯的一个富商家庭。索福克勒斯的父亲开了一家兵器作坊，家境较宽裕，所以索福克勒斯从小就接受了良好的教育。索福克勒斯小时候对音乐非常感兴趣，此外，他还非常热爱体育和舞蹈。由于相貌出众，再加上天生的音乐才智，索福克勒斯在十六岁的时候被选入了为庆祝萨拉米斯海战胜利而组成的朗诵队，并且担任领队。

不过，极具艺术天赋的索福克勒斯却在后来开始从政了。公元前443年，他成为了以雅典为盟主的“德利亚联盟”的财政总管，之后又两次成为将军。公元前440年，索福克勒斯成为雅典十大将军之一，进入了雅典政坛的顶层。公元前413年，已经83岁高龄的索福克勒斯进入了雅典“十人委员会”。公元前406年，索福克勒斯出席了欧里庇得斯的葬礼，并且在葬礼上唱了挽歌。同年，索福克勒斯也离开了人世。

索福克勒斯生活在雅典民主制的全盛时期，富裕的家境和自身翩翩的风度让他与雅典的上层社会人士交往甚密。对于雅典这片养育了他的土地，索福克勒斯怀有深深的热爱之情，且一生都在将其颂扬。再加上索福克勒斯在雅典投降于斯巴达之前就去世了，没有目睹雅典的衰败，所以直到其人生旅程的末期，他还都在歌颂雅典。

在长达七十多年的创作生涯中，索福克勒斯一共创作了一百二十三部悲剧和滑稽剧，流传甚广的虽然只有七部，但是每部都对后世影响深远。这七部作品分别是《埃阿斯》《俄狄浦斯王》《安提戈涅》《厄勒克特拉》《特拉喀斯少女》《菲罗克忒忒斯》以及《俄狄浦斯在科罗诺斯》，其中又以《俄狄浦斯王》和《安提戈涅》最为著名。

《俄狄浦斯王》讲述了俄狄浦斯杀父娶母的故事。当底比斯王的妻子为他生下了一个儿子之后，国王非常高兴，可是就在这时，国王却得到一个预言，说他的儿子长大之后会杀害父亲，并且迎娶母亲。听到这个可怕的预言之后，底比斯王非常惊恐，于是用荆棘将儿子的双脚刺穿，又把他交给了牧羊人，吩咐将这个孩子杀死。善良的牧羊人下不了毒手，就把他丢在山坡之上。之后，一个路过的牧羊人发现了这个被遗弃的孩子，就把他送给了科林斯国王。由于自己没有子女，科林斯国王就把这个捡来的孩子当亲生儿子养育，给他取名俄狄浦斯，意思是脚肿的人。

在科林斯国王精心的抚育之下，俄狄浦斯很快就长大了。一天，他偶然听到了关于杀父娶母的预言，但是他又不想让这个预言成真，将深爱他的父亲科林斯国王送上死路，于是就离开了科林斯。此时俄狄浦斯当然不知道，他的亲生父亲并不是科林斯国王。漂泊在外的俄狄浦斯某天来到了一个峡谷，因为峡谷非常狭窄，当时还有一个老人也要过去，所以二人就争执了起来。由于老人的言语过于粗鲁，在争执的过程中，俄狄浦斯不小心将他杀死了。可是他不知道，这个老人就是他的亲生父亲。

误将老人杀死之后，俄狄浦斯又继续上路了，他前行的方向正是底比斯王国。当俄狄浦斯走到底比斯城外的一个山谷的时候，一个狮身人面的女妖斯芬克司出现在了他的面前。斯芬克司每日都在悬崖上守着通山的关口，并且每有行人想要过去的时候，她都会先向对方说出一个谜语，假如行人猜不出谜底，那么就会被女妖吃掉。由于此路是往来的必经之路，所以很多人都因为没有猜对答案而丧失了性命。国王为此非常头痛，他声明只要能把女妖除掉，那么就将自己的王位和自己的王后赠予这位英雄。

此时，女妖斯芬克司正凶恶地看着想要通过的俄狄浦斯，她开始问话了：“有一种动物，早上用四条腿走路，中午用两条腿走，而到了傍晚，则用三条腿走路。它的腿达到最大数量的时候，它的速度和力量就是最小的时候，那么这是种什么动物?”俄狄浦斯想了想，回答说：“这是人啊。刚出生的人用两只脚和两只手爬着走，也是最多的四条腿，这个时候的人最为不堪一击。长大后的人用两条腿走路。而到了晚年，由于腿脚不灵活，只好拄着拐杖用三条腿走路。”听到俄狄浦斯正确的回答后，女妖感觉自己颜面全无，就从悬崖上跳下去自尽了。

由于成功地除掉了女妖，俄狄浦斯顺理成章地坐上了底比斯国王的宝座，并且迎娶了前任国王的王后，他们过上了幸福快乐的日子。然而，底比斯城却在不久后暴发了瘟疫，神谕说这是因为城中有人犯了杀父娶母的罪过。听到神谕后，大家就开始追查此人到底是谁，调查结果是这个杀父娶母的人正是当今国王俄狄浦斯。当王后告诉俄狄浦斯说他的前任丈夫是在一个峡谷被人杀害的，而牧羊人又将俄狄浦斯的身世告诉了他之后，真相终于浮出了水面。恼怒羞愧的俄狄浦斯为了赎罪将自己的双眼刺瞎了，之后又开始了流浪的生涯，而他的亲生母亲也自杀了。

索福克勒斯在学习前辈埃斯库罗斯的创作技巧的同时，又对戏剧进行了革新。他第一个引进了第三名演员，以便在剧中更加充分地表现人物之间的冲突。此外，他还降低了戏剧中合唱队的重要性，将对话和人物动作的地位提高了。

（三）

“戏剧中的哲学家”：欧里庇得斯

欧里庇得斯被人称为“戏剧中的哲学家”，因为他一生都投身于戏剧创作，除了戏剧之外，他对其他任何活动都没有丝毫的兴趣。可能正是由于对戏剧的痴迷，才让他在旁人看来略显怪异，还有人说他不合群。无论人们怎样评头论足，欧里庇得斯在戏剧上的成就绝对是超越了他的前人，他将悲剧艺术发展到了新的高峰。

公元前 485 年，欧里庇得斯出生于阿提卡东海岸的一个贵族家庭。欧里庇得斯自幼就学习绘画，对其他艺术也有过全面系统的学习，功底深厚。他喜欢与有思想的人交往，比如智者普罗塔哥拉，对于神灵的存在保持怀疑的态度。欧里庇得斯从小就对诗歌和哲学痴迷，因此开始创作戏剧之后，欧里庇得斯就将他从小培养起来的哲学思考习惯投放在了自己的作品之中，被人亲切地称为“舞台上的哲学家”。

欧里庇得斯很少去公众场合出席社交活动，他淡泊名利，多次拒绝了希腊政府给予他的职位。年轻时的欧里庇得斯还在家中修建了一个私人藏书室，经常自己待在里面不出来。公元前 455 年，欧里庇得斯第一次参加戏剧比赛，却以失败告终，而且还是最后一名。此后，欧里庇得斯没有再着手创作戏剧，不过这期间他对戏剧的认识更加深刻了。公元前 441 年，欧里庇得斯终于在比赛中获得了第一名。公元前 408 年，马其顿国王阿尔克拉奥斯邀请欧里庇得斯前去做客，两年之后，年过七旬的欧里庇得斯在马其顿去世。

欧里庇得斯一生共创作戏剧九十多部，不过留存的仅有十八部，其中有十七部悲剧作品，最为著名的有《美狄亚》《希波吕托斯》《特洛伊妇女》和《酒神的伴侣》等。由于欧里庇得斯生活在民主制度衰落的战争年代，所以他的作品多反映雅典政治经济处于危机时刻的社会思想意识。欧里庇得斯主张民主，对奴隶、妇女等弱势群体非常关注，对宗教持怀疑态度的他，时常责怪神灵对人类的残忍。

《美狄亚》这出悲剧的题材取自古希腊传说，以科尔喀斯国公主美狄亚和她所爱之人伊阿宋为主人公展开了剧情。伊阿宋是伊俄尔科斯国的王子，可是本该由他继承的王位却被他的叔父篡夺了。伊阿宋长大之后希望能够夺回王位，便与叔父进行了一次谈判。叔父表示，只要伊阿宋能够找到战神阿瑞斯的祭品金羊毛，并且把它取回，就将王位归还给他。

此时的金羊毛位于科尔喀斯国，并且由一条毒龙看守。伊阿宋答应了叔父的条件，只身前往科尔喀斯国，找到了金羊毛，但是伊阿宋没办法对付那条毒龙。这个时候，科尔喀斯国的公主美狄亚对伊阿宋产生了感情，美狄亚不顾父王的反对，设计诱毒龙昏睡了过去，偷到金羊毛之后，美狄亚便带着自己的弟弟跟随伊阿宋逃离了科尔喀斯国。然而，在他们前往伊俄尔科斯国的路上却遭到了科尔喀斯国士兵的追击，为了保住性命，美狄亚只好杀害了自己的弟弟，并将他的尸体肢解，把尸骨抛掷四处，以扰乱追兵的视线。

来到伊俄尔科斯国后，美狄亚就和伊阿宋过起了新的生活，他们还生了两个可爱的孩子。可是，当伊阿宋把金羊毛呈现在叔父面前时，叔父却出尔反尔，不想归还王位。为此，美狄亚设法杀死了伊阿宋的叔父，但是他们一家人却被驱逐出境，开始流浪。后来，他们来到了科林斯王国，伊阿宋见到科林斯公主之后就变了心，他不再爱美狄亚。为了与科林斯公主结合，伊阿宋甚至请求科林斯国王将美狄亚赶出去，尽管美狄亚含泪央求，伊阿宋都丝毫不为所动。

痛苦万分的美狄亚没有办法，只好不再吵闹，可是在她的心里，一股强烈的仇恨之意已经升起，她要报仇！就在伊阿宋和科林斯公主结婚的当天，美狄亚送给科林斯公主一件精美的金缕衣，当科林斯公主穿上之后，却被上面浸泡的毒液毒死了。科林斯国王为了救女儿，接触到毒衣后也倒在了地上。得知科林斯国王和公主都死了之后，美狄亚强忍心中剧痛杀死了自己的两个孩子，然后带着孩子们的尸体驾着龙车绝尘而去。此时伊阿宋后悔莫及，但是为时已晚。

在欧里庇得斯的笔下，戏剧是一门展现普通人生活的艺术，他剧中的人物多是平民百姓，素材都取自日常生活，语言平实，内容通俗。欧里庇得斯善于把握人物的心理，表现手法精湛细腻，他对人性的挖掘更加深刻，于是在普通人的身上，他找到了自己的英雄主义理想。由于欧里庇得斯的戏剧内容不合雅典上层社会的口味，所以他在生前并不出名。直到他去世之后，其作品才被广为传诵。

二一、古希腊三大哲学家

希腊历史上涌现过许多伟大的思想家和哲学家，他们为世界哲学史作出了不可磨灭的贡献。希腊的哲学史上有“三贤”，他们分别是：“精神的助产士”苏格拉底，出身名门望族、一心追求理想之国的柏拉图和真理的追随者亚里士多德。

（一）

苏格拉底的精神世界

别人为食而生存，我为生存而食。

逆境是人类获得知识的最高学府，难题是人们取得智慧之门。

我与世界相遇，我自与世界相识，我自不辱使命，使我与众生相聚。

想左右天下的人，须先能左右自己。

这个世界上有两种人，一种是快乐的猪，一种是痛苦的人。做痛苦的人，不做快乐的猪。

如果把世上每一个人的痛苦放在一起，再让你去选择，你可能还是愿意选择自己原来的那一份。

问题是接生婆，它能帮助新思想的诞生。

未经审视的生活是毫无价值的。

告诉我你的朋友，我就知道你是什么样的人。

凡是原本可以做得更好的，也算是懒！

人可以犯错，但是不可犯同一个错。

没有人因为知道了善而不向善的。

我像一只猎犬一样追寻真理的足迹。

……

说出上面这些智慧之语的人是古希腊著名的哲学家和思想家苏格拉底，他是古希腊时期有名的智者。

公元前469年，在雅典周边的一个小村庄中，苏格拉底降生了。苏格拉底的父亲是一名雕刻师傅，所以从小苏格拉底就跟随着父亲学习雕刻技艺。不过，长大后的苏格拉底并没有对雕刻多么有热情，而是对哲学产生了兴趣，立志要成为一名哲学家。苏格拉底的母亲是一名助产士，对于此，他还说过一句很有名的话："我的母亲是名助产士，而我则是个精神上的助产士，帮助他人产生自己的思想。"

苏格拉底所在的时代，哲学研究的对象大多是自然界的各种事物，但是苏格拉底却对此兴趣不大，因为他对人和社会更感兴趣，对"善"的追寻和研究是他一生所致力的目标。苏格拉底的家境相对贫寒，不过对于物质生活条件，深谙人生之道的苏格拉底并不在意。当时的人们常常看到这样一幅画面："精神上的助产士"苏格拉底只穿一件单薄的外衣，光着脚走在大街上，无论酷暑严寒、风吹雨打，年年如此。

也许正是肉体上的"苦行"，才使得苏格拉底对精神上的探究更加深远。对于真理、美，以及德行等问题的探究，苏格拉底可谓矢志不渝。他无论走到哪里都会和那里的人们探讨一番，还时常会发生激烈的争论。不过，对于人们向他所提出的问题，苏格拉底倒是从来不直接给予回答，而是会先反问对方，以此加深对问题的思考和掌握，也就是反思。苏格拉底的这种通过一次次的反问和思考来认识事物本质的思想方法，就被称作"反诘法"。

精神上富足的苏格拉底在自己的家庭中却生活得不怎么幸福，因为他的妻子就像个泼妇一般。而对于自己的粗鲁形态，苏格拉底的妻子倒是也有自知之明，正如她所说的："好的婚姻能够带给你幸福，但是差的婚姻却能让你成为一名哲学家。"

对于妻子的行为，苏格拉底在表示无奈的同时，也有他自己的一套对付手段，那就是置之不理。例如有一次，大发雷霆的妻子将一桶水浇到了正在给学生们讲课的苏格拉底身上，他不但没有发火，反倒是换了件衣服又继续上起课来。

苏格拉底一生教过的学生有很多，但是最有名的非柏拉图莫属。后来柏拉图的门下又出了一个亚里士多德，于是，苏格拉底、柏拉图和亚里士多德就被并称为古希腊的三大哲学家了。不过，虽然学生众多，但是苏格拉底授课从来都是不收取费用的，他认为将思想当成生意来做是自己不能接受的事情。再者，苏格拉底虽然学识丰富，但是他却始终称自己是个没有任何智慧的人，因此就更不能随意收取他人钱财了。

对于苏格拉底老师如此“谦虚”的说法，学生们都表示不解，于是他们就去了特尔斐神庙请求神灵的指点，而最终得到的神谕却是：没有比苏格拉底更加聪明的人了。

苏格拉底主张“德行就是知识”，认为只有掌握了真理才能够分辨善恶。此外，他的学说也是讲求专业的，在他看来，每一门学科和每一种事物都应该有对此精通的专家学者，因此他也主张由精通治国之道的人来治理，认为这样就可以避免由投票和抽签选举产生愚昧的治国者。苏格拉底的这种治国之法遭到许多人的仇视，甚至他也因此葬送了性命。

公元前399年，年逾七十的苏格拉底遭人诬陷，被指控犯下了两个罪名，一个是引进异神，另一个是腐化青年。对于引进异神这个说法可能是子虚乌有的，但是对于腐化青年这一说法，大概就要涉及苏格拉底的教学方式和内容了。苏格拉底教授学生们要对人生和社会有更深入的思考，而不是仅仅停留在世俗的层面，这样一来就可能导致子辈与父辈在某些观点上看法不同，也会引起家庭矛盾。为此，苏格拉底得罪了不少学生的家长。

当然，真正置苏格拉底于死地的并不是学生家长，而是在政治上有野心的人。由于苏格拉底倡导“专家治国论”，所以引起了由选举产生的政治家的愤恨。而苏格拉底的学生中也有不少从政人员，其中一个学生是斯巴达侵占雅典之后在那里建立的傀儡政府的头目，也就是三十僭主之一；还有一个学生是曾经在伯罗奔尼撒战争中背叛了雅典的亚西比德。苏格拉底最终遭人陷害，恐怕也逃不开这两个学生的牵连。

当时审判苏格拉底的陪审团总共有五百人之多，在最终的投票中，有三百六十人认为被告有罪，建议判苏格拉底死刑，不过根据当时的法律，苏格拉底可以申请另一种刑罚。然而一身正气的苏格拉底始终不承认自己被扣上的罪名，坚持认为自己无罪，因此没有提出另一种刑罚，结果被判以死刑。随后，苏格拉底就被送进了监狱，等待被处死。

在度过了一个月的牢狱生活后，苏格拉底饮下了毒酒，永远地离开了人世。其实，在苏格拉底坐牢的这段时间里，他的学生们都在竭尽全力谋划着营救他的行动，但是却被苏格拉底拒绝了，因为他要用自己的死来警醒世人，告诫他们不能停止对真理的追求。为了这个信念，苏格拉底献出了自己宝贵的生命。

苏格拉底一生没有留下任何著述，他的思想全靠得意门生柏拉图进行传播与发扬，另外还见于史学家色诺芬的回忆录。苏格拉底的思想为后人的哲学研究作出了很大的贡献，至今都受世人尊敬。

（二）

柏拉图和他的“理想国”

柏拉图原名阿里斯托勒斯，于公元前427年出生在雅典的一个贵族家庭中。因为家境富裕，柏拉图从小就接受到了各种教育，身怀各种技能，可谓琴棋书画样样精通。由于前额长得很宽，才有了“柏拉图”一名，意思是指宽宽的额头。渐渐地，人们都忘了他的本名，一直称他为柏拉图。

柏拉图是目睹着战争长大的一代，当时正值以雅典为首的提洛同盟与以斯巴达为首的伯罗奔尼撒联盟之间的大战，并且从公元前431年一直持续到公元前404年，最终斯巴达获胜，并在雅典建立了傀儡政权。伯罗奔尼撒战争几乎牵涉了所有的希腊城邦，在历史上也被称作是“古代世界大战”，而傀儡政权的成立也结束了希腊的民主时代，从此开始了三十僭主的残酷统治。

柏拉图原本的理想是从政，而且他的家族也能够在仕途上助他一臂之力。然而，伯罗奔尼撒战争却让年轻的柏拉图亲眼目睹了雅典政府的腐败无能，原本对政治十分感兴趣的他，在经历了这残酷的现实后开始厌恶政治。二十岁的时候，柏拉图拜了苏格拉底为师，可是自己的老师却成为了当时政治的牺牲品，惨遭杀身之祸，这件事对柏拉图的打击非常大，更让他对自己国家的政体失望透顶。

柏拉图一生崇拜的老师苏格拉底死了，他在精神上受到了很大的打击，于是决定离开伤心之地。离开雅典的柏拉图游历了很多地方，走过了埃及和西西里岛等地，对所到之地的民俗风情也有了切身的了解和体会。在西西里岛的时候，柏拉图还遇到了他日后的挚友狄恩。在西西里岛待了一段时间之后，柏拉图准备起身回国。然而就在返回雅典的途中，却遭遇了绑架，后来因为友人及时拿了赎金前来和绑匪交涉，柏拉图才得以获救，否则他日后的人生轨迹就要改变了。

公元前387年，已经四十岁的柏拉图重新踏上了雅典这片故土，并且在一个叫阿卡德米的体育场上建起了他自己的学校阿卡德米学园，开启了新的人生之旅。柏拉图的这所学校开设了各种学科课程，以讲授哲学为主，还教授天文学、几何学、植物学等其他自然科学。阿卡德米学园拥有相对完善的教育体制，学校的各种设备也都齐全，可谓西方高等教育院校的雏形。从兴建到被罗马皇帝关闭，阿卡德米学园在柏拉图去世之后还存在了九百余年，对于西方的教育事业影响深远，培养了许多闻名于世的人才。

对中国著名的思想家、政治家和教育家孔子有所了解的人都知道，孔子在其一生之中也游历了不少国家，为的就是推行自己的政治理念，虽然他的这个崇高理想最终没能实现，但是其在政治、哲学和教育上所作的贡献却是有目共睹的。而柏拉图的一生，与孔子的经历非常相似。公元前367年，也就是阿卡德米学园建立二十年之后，一天，柏拉图收到了他在西西里岛的友人狄恩的邀请，请他前往西西里岛传播他的学说。

接到邀请之后，柏拉图并没有即刻前往，而是仔细考虑了一些时日，最后才决定出发。然而，来到西西里岛后的柏拉图发现这里并不像自己想的那样，因为当时西西里岛的僭主是狄恩的外甥狄奥尼索斯二世，他对柏拉图的政治学说并不十分感兴趣，因此也就没有采纳柏拉图的建议。加之狄奥尼索斯二世与舅舅狄恩的关系并不很好，所以柏拉图最终失望地离开了西西里岛，回到了雅典。但是此后，狄奥尼索斯二世又两次邀请柏拉图前去讲学，然而，这两次西西里岛之行柏拉图仍是失望而归。再回到雅典之后，柏拉图就潜心于他的写作了。

柏拉图一生著述四十余篇，此外还有十三封书信，多用对话的方式写成，内容涉及哲学、天文学、政治学和数学等诸多学科。柏拉图的这些对话篇章有着时代和人物对话的背景，用词和语言都颇为讲究，而在推理论证上又非常严密，不仅在哲学上有很高的价值，且十分具有文学性。在自己的学说中，柏拉图主要有两个基本观点，即“理念论”和“理想国”。在柏拉图看来，由于现实的事物总是千变万化的，所以事物理想的状态只能存在于“理念”的世界之中，而要接近事物完美理想的状态，只有通过哲学才能达到。

在著名的《理想国》一篇中，柏拉图在对现行的所有国家政体研究之后得出了结论：这些国家的政体都存在各种各样的弊端。随后，柏拉图又在文章中描绘出了一个理想的国家。

在理想国中，柏拉图将公民分为了三个部分，一个是国家的统治者，一个是国家的捍卫者即武士阶层，最后一个则是供养国家的劳动者。由于奴隶在那个时代不被列入人类，所以也被柏拉图排除在这三类人之外。柏拉图认为，理想国家的统治者应当由哲学家或者精通哲学的政治家来担任，因为这样可以让国家向好的方向发展，以避免愚昧之人将国家带向灭亡。而在理想国中的每一位公民，都应该掌握一门技能，从事一个行业，各司其职、各尽其责，使得整个国家处于一个良性循环的状态，从而避免争端，达到理想状态。

柏拉图的思想具有颇高的造诣，大大地超越了他所在的时代，而对于当时的大多数人来说，更是无法被理解。甚至直到 19 世纪，哲学界的研究和发展才得以摆脱他的控制。公元前347年，柏拉图去世，享年八十岁。

（三）

真理的追随者亚里士多德

“吾爱吾师，吾更爱真理。”说到这句名言，想必很多人都知道出自何人之口，没错，他就是大名鼎鼎的古希腊哲学家亚里士多德。公元前384年，亚里士多德出生在希腊北部的一座小城斯塔基拉。亚里士多德的父亲是马其顿王国的一位宫廷御医，为王室的成员治病，然而，身为医生的他却早早地撒手人寰，空留儿子亚里士多德一人在人世间。

父亲去世之后，亚里士多德就与一个亲戚共同生活，直到公元前367年，十七岁的他来到了阿卡德米学园，师从柏拉图。在柏拉图的教授之下，亚里士多德的学识逐渐变得渊博起来，而在柏拉图眼中，亚里士多德天资聪颖，善于思考，可谓他门下的一位得意弟子。柏拉图对亚里士多德钟爱有加，毫不吝啬地将自己所学传授给他，使得站在巨人肩膀上的亚里士多德取得了属于自己的学术成就。亚里士多德在阿卡德米学园一待就是二十年，不仅是柏拉图的学生，更是柏拉图的一名得力助手。直到柏拉图去世之后，亚里士多德才离开了阿卡德米学园。

不过，虽然对老师十分崇敬，亚里士多德却从来都是追求真理的，他对于事物的看法时常与柏拉图有所不同，不盲从于老师。为此，师生之间对于学术问题的分歧在柏拉图晚年时期更是越来越大。看着自己的学生有着如此高超的思辨和反思能力，柏拉图也非常欣喜，他曾将亚里士多德比喻成一匹长大的小马，开始对给予他乳汁的母亲尥蹶子。而亚里士多德在面对眼前这位伟大的导师时也毫不畏惧，他甚至说出了“智慧不会随着柏拉图的死去而消亡”的大胆言论。

离开学园之后，亚里士多德就开始周游各地，他在所到之地都进行了讲学，与当地智者交流思想，同时也传播自己的观念与思想。这样过了几年之后，公元前343年，马其顿国王腓力二世邀请亚里士多德担任其子亚历山大的老师，亚里士多德欣然应许。对于亚里士多德，腓力二世非常敬重，希望在他的调教之下，亚历山大能够获得丰富的学识。亚历山大对亚里士多德也非常尊敬，尽管后来二人的关系越来越疏远。

公元前336年，亚历山大在腓力二世遇刺之后继承了王位。第二年，亚历山大拨给亚里士多德一大笔资金，让他到雅典创办了一个属于自己的学园，即吕克昂学园。此后，亚里士多德就待在学园中潜心钻研，在学生们的跟随之下，亚里士多德还创建了自己的学派，即“漫步学派”。吕克昂学园中修建有当时顶尖的图书馆和动植物园，亚历山大后来在四处征战的时候还不忘在外地为老师采集各种标本。

亚历山大于公元前323年英年早逝后，身为他的老师，亚里士多德的处境也非常堪忧。希腊人甚至要以“渎神罪”将其处死。为了活命，亚里士多德只好离开了雅典。临走之前，亚里士多德将自己一心创建起来的吕克昂学园交由别人管理，这个学园此后一直存在了数百年之久，可是亚里士多德这一去就再也没有回来过，因为他在第二年就离开了人世，享年六十三岁。

亚里士多德一生著述丰富，有四百多部著作，流传至今的有《形而上学》《伦理学》《诗学》等著名论著，如此渊博的学识使得他成为了与其老师柏拉图齐名的伟大的古希腊哲学家。不过，柏拉图主张的是唯心主义，而亚里士多德则认为事物的本质无法脱离实物而存在。此外，亚里士多德还创立了逻辑科学，提出了著名的“三段论”，而形式、逻辑、原理、格言等学术名词也都是由亚里士多德首创的。对于世界哲学的发展来说，亚里士多德作出了巨大的贡献。

亚里士多德留给后人的哲学警句非常多，每一句都能够引人深思，发人深省。比如：

法律是没有激情的理性。

幸福属于满足的人们。

人生颇富机会和变化。人最得意的时候，有最大的不幸光临。

谬误有多种多样，而正确却只有一种，这就是为什么失败容易成功难、脱靶容易中靶难的缘故。

人在达到德性的完备时是一切动物中最出色的动物；但如果他一意孤行，目无法律和正义，他就成为一切禽兽中最恶劣的禽兽。

对于美德，我们仅止于认识是不够的，我们还必须努力培养它，运用它，或是采取种种方法，以使我们成为良善之人。

对上级谦逊是本分，对平辈谦逊是和善，对下级谦逊是高贵，对所有人谦逊是安全。

……

除了哲学之外，亚里士多德在教育学和天文学上也有突出的成就。他提出了对人的教育要根据不同的年龄分段进行，认为德育、美育和体育是不可分割的。亚里士多德还认为地球是宇宙的中心，呈球形状，围绕着它的是七个不同的同心球壳，包括太阳和月亮在内。亚里士多德对教育和天文的认知虽然存在错误和局限性，但是在当时来说，其思想已经具有非常大的进步性了。到了中世纪时期，亚里士多德的思想甚至成为了基督教思想的基石，他的著述被翻译成不同的文字在全世界流传，对西方文化及世界文化产生了深远的影响。

二二、古希腊时期人们的文化及思想

希腊人有着自己的文化传统和思想，在他们眼中，美是有着独特定义的，死亡与生存也有着深厚涵义。古希腊时期虽然最终被罗马所终结，但古希腊的文化却生生不息，流传到了后世。

（一）
古希腊七贤

“古希腊七贤”是指公元前 7 世纪至公元前 6 世纪期间生活在古希腊地区的七位卓越的人物，虽然历史上对入选这七位圣贤的人选看法略有不同，但一般来说，“古希腊七贤”包括梭伦、泰勒斯、奇伦、毕阿斯、佩里安德、庇塔库斯以及克莱俄布卢在内。关于梭伦，前面已对其进行了详细介绍，本节则概述其他六位圣贤的生平事迹。

被誉为“古希腊七贤之首”的是泰勒斯，他是米利都人，出生于公元前 625 年。米利都由于其地理位置的特殊性，使其成为了一个融东西方文化于一体的希腊城邦，它位于地中海东岸的小亚细亚地区，对古埃及、古巴比伦等东方文化都有吸收。

泰勒斯出生在一个贵族家庭，优越的家境让他从小就接受了良好的教育。泰勒斯在年轻时曾从事商业活动，为此他游历了不少国家，不仅开阔了眼界，还积累了丰厚的学识。泰勒斯自幼就对自然、地理及天文等学科有着浓厚的兴趣，此后他也专门对这些学科做过研究，还接收过不少学生。在科学研究方面，泰勒斯取得了很多成就，对古代希腊科学的发展起到了启蒙作用。他在埃及的时候曾用类似于三角形定理的理论测算出了金字塔的高度，甚至预测了公元前 585 年 5 月 28 日的一次日食，这在当时来说是极为了不起的。

步入生命晚年的泰勒斯逐渐对哲学产生了更大的兴趣，并且建立了希腊最早的哲学学派——米利都学派，他也是希腊历史上第一位唯物主义哲学家。在泰勒斯的哲学思想中，他认为万物之本源是水，有了水才有了万物，而万物最终又化归于水。泰勒斯十分看重人对自我的认知，他认为这是最难的。对于自己，他更是严格要求，不断地以哲学的视角反思自己的言行。公元前 547 年，泰勒斯离开了人世。

在公元前 6 世纪的斯巴达，也出现过一位圣贤之士，他就是奇伦。奇伦在政治上的建树更为突出，他提出的治国方针使得斯巴达的社会发展得到了进一步的提升。当时，奇伦认为国王的权力过于庞大，这不利于国家的发展，于是提出设置一个职务来辅佐与监督国王，后来这个建议被斯巴达国王所采纳，建立了监察官一职，并任命奇伦担任。在奇伦看来，雅典的社会体制非常松散，这也是军事化的斯巴达要不得的，斯巴达必须建立起一个以国王为首的严密的政治体制。由于奇伦为人正直、办事公正，才使得国王能够信任他，并委以重任。

与奇伦生活在同一时期的另一位古希腊圣贤叫毕阿斯，他有着出众的口才，更是以这副口才为正义而辩护，受到了人们的爱戴。在毕阿斯看来，经济基础决定上层建筑，他认为拥有足够的金钱非常重要，因为这样才能保证人们的物质生活。当一个人自身生活水平提高了，他才能够伸出援手帮助他人。虽然毕阿斯也看重财富，但是他对为富不仁者也持一种批判态度，并拒绝为这类人辩护。

毕阿斯是普里恩涅人，这个小城邦在国力上远不及邻国，为此，邻国对它动了侵略之心。当普里恩涅即将面对敌人的侵占时，人们都感到非常绝望，幸好毕阿斯站了出来，他派人准备了两头骡子，并且将它们全副武装后赶到了邻国的军营中。这期间，毕阿斯又带领普里恩涅人在国内堆放起大量的粮草堆。

当敌人看到来自普里恩涅的骡子如此武装之后，认为对方一定作了充分的准备。之后，敌人又专程派人前往普里恩涅一探究竟，当他们来到普里恩涅后，看到了毕阿斯提前准备好的粮草，以为普里恩涅完全有实力与其抗衡，于是打消了进攻的念头，而是改为和谈。其实，他们被毕阿斯欺骗了，因为那看似数量极多的粮草底下埋着的只是沙子。由此可见毕阿斯不仅拥有雄辩的口才，还十分机智。

公元前 665 年，佩里安德出生在科林斯。相传，在佩里安德出生之后，还有过一个关于他的故事。佩里安德的父亲虽然出生于普通家庭，但是后来却一步步当上了科林斯的僭主，与贵族势力修好。当佩里安德降生之后，不知道从哪里来的预言，说他日后会与贵族为敌。当这个预言传到贵族们的耳朵里时，他们感到非常害怕，纷纷要求处死这个新生儿。父亲为了保住儿子的性命，便将其藏在了柜子里，但最终还是被贵族们找了出来，他们决定将这个孩子摔死。可是当佩里安德被贵族们抱起来的时候，他天真灿烂的微笑让每一个人都不忍将他摔死。佩里安德凭借着他的笑容活了下来，然而他长大之后却始终对这件事不能忘怀，对贵族们更是憎恨。等到佩里安德继任僭主之位后，便一改父亲与贵族们交好的态度，开始与他们为敌。

在治理国家方面，佩里安德是一位明主，他在位期间为科林斯社会的进步作出了很大的贡献。为了促进工商业的发展，佩里安德统一了货币，还降低了税率。在基础设施的建设上，佩里安德在科林斯修建了道路与运河。佩里安德不排斥外来事物，还鼓励自己的城民外出殖民，这其实也是一种治国策略，能使穷人向外寻求发展，起到稳固国内环境的作用。在佩里安德统治的四十年中，科林斯逐渐成为了古希腊地区发展较为快速的城邦之一。

米提利尼人庇塔库斯也是古希腊七贤之一，他有着杰出的军事才华，将列斯堡的僭主美兰克鲁斯推翻，自己当上了米提利尼的统治者，在位十年。庇塔库斯很有政治头脑，他统治期间，非常注重底层人民的诉求，对待自己的百姓非常仁慈。不过，在对待贵族方面，庇塔库斯是极为严厉的，而对于敌人，庇塔库斯更是毫不手软。也正是他这种根据不同群体的不同特征分而治之的治国方法，才使其赢得了大家的信任。在统治了米提利尼十年之后，庇塔库斯主动从王位上退了下来，过上了悠闲的晚年生活。能进能退，这就是庇塔库斯。

在林都斯也生活着一位古希腊圣贤，他就是克莱俄布卢，也是林都斯的僭主。克莱俄布卢之所以能成为古希腊七贤之一，是因为他在教育上的贡献，他不仅认为儿童应该接受良好的教育，而且认为女孩也要接受同样的教育，这一教育理念在那个时代是很难得的。

实际上，因为共同生活在同一地区，且生活的年代也大致相同，“古希腊七贤”之间也有着往来，他们共同为古希腊社会的进步作出了巨大的贡献。

（二）
古希腊的建筑之美

古希腊的建筑和雕刻艺术依据其风格的变化主要分为三个时期，公元前 7 世纪至公元前 6 世纪被视为古风时期，公元前 5 世纪至公元前 4 世纪被视为古典时期，公元前 4 世纪至公元前 1 世纪被视为希腊化时期。能够代表古典时期希腊建筑最高艺术成就的是雅典卫城建筑群，这里更被誉为古希腊“建筑艺术的博物馆”。

神庙、广场、特色鲜明的露天剧场和柱廊……身为西方古典建筑的基石，古希腊的建筑艺术可谓世界建筑史上的瑰宝，尤其以神庙建筑最具代表性。古希腊神庙最吸引人的地方莫过于它周围的柱廊了，最初建筑神庙时，柱廊的石柱都是用整块石头雕刻而成的，随着时间的推移，石柱逐渐改用分段砌筑的方式，每段之间用铁箍来加以固定。

到公元前6世纪，古希腊建筑艺术已经自成体系，每个部分的构造都有了套式，也就是古罗马人所说的“柱式”。“柱式”的建筑结构是古希腊建筑艺术中所遵循的基本法则，这种建筑形式既简洁又端庄协调。石柱形式主要有爱奥尼亚、科林斯及多利克三种，其中多利克的使用最为普遍。

多利克柱式因其明朗、简单的外形又被称作是男性柱，最典型的代表就是雅典卫城中的帕特农神庙。与多利克柱式形成对比的是爱奥尼亚柱式，这种柱式外形比起多利克雄壮的特点来说更加秀气，犹如女性苗条的身姿，因此也被称为女性柱，代表建筑有伊瑞克提翁神庙和胜利女神神庙。在古典时期的末期又出现了一种新的柱式，即科林斯柱式，这种柱式经过发展之后变得更加典雅华美，具有很高的装饰作用。科林斯柱式出现在小亚细亚地区，这种柱式在希腊人中其实并不流行，而更为罗马人所欢迎。

随着城市化的进程，到了希腊化时期，神庙已经不再是城市建设的中心了，取而代之的是贸易市场，古希腊的建筑艺术风格也随之发生了很大变化。这一时期，爱奥尼亚柱式得到了更广泛的运用，其功用主要是装饰，而围绕着贸易市场发展规划的城市同样遵循着古希腊建筑对称、和谐的传统。

大理石是希腊人最为喜爱的雕刻材料，因其材质佳而适合细致的雕刻艺术。古风时期，埃及的雕像艺术对希腊人产生了很大的影响，主要有男性裸体雕像和身着衣服的女性雕像。人像一般呈正面站立的状态，双臂自然垂于身体两侧，左腿向前迈一步，面部表情多表现为微笑。古风时期雕刻艺术的代表作是《荷犊者》，是一名男子和一头小牛犊的塑像，男子双臂有力地举着小牛犊，牛犊表情自然而丰富。

人像雕刻艺术到了古典时期有了非常明显的进步，这一时期的人像表现更为自然，着重于写实，标志着古希腊雕刻艺术的巅峰时期。女性雕像逐渐多了起来，人物形象优美、典雅，表情已经摆脱了古风时期单调的微笑脸庞，而表现出了人物内心的各种情绪，形象极为生动。古风时期的雕像多是静态的，而到了古典时期，雕像则呈现出多样的动态表现形式，不仅有正面形象，更多的则表现了人物的侧面形象。

雕像艺术到了希腊化时期后，其艺术形式表现得更为丰富了，不仅年轻的男人和女人会成为雕刻家关注的对象，老人、孩子等也进入了雕刻家的视野。这一时期，雕刻家对人的观察更为细致，雕像艺术所体现的不只是理想中的状态，而是变得更为写实，人的生老病死都能够在雕刻家的手中变得栩栩如生。

谈及古希腊的雕像艺术，就不得不提到一部代表性作品《掷铁饼者》。《掷铁饼者》的雕刻者名叫米洛，他生活在公元前5世纪的上半期，擅长表现人物在运动中的状态，尤其对骨骼和肌肉的把握最为精准。到了古典时期，雕刻艺术的巅峰时期，另一位名叫菲狄亚斯的雕刻家创造了古希腊雕刻艺术的奇迹，他的代表作是雅典卫城帕特农神庙中的各种雕刻。此外，波利克利托斯也是古希腊著名的雕刻家之一，他的代表作是《持矛者》。

在古希腊著名的雕刻艺术中，我们不能遗漏的还有《米洛斯的阿佛洛狄忒》，也就是人们熟知的《断臂维纳斯》。这部雕像作品的完成年代尚存争议，多数人认为其创作于公元前 2 世纪左右，作品因其双臂的残缺而激发了人们对美好的想象，被誉为是旷世杰作。总之，古希腊的建筑及雕刻艺术在世界上拥有至高的地位，其对称、均衡的强烈视觉感所散发出的理性之美，体现了希腊人理性思维的光辉。

（三）

希腊人眼中的生老病死

生老病死是自然界永恒的规律，万物的生命都有终结的一日，死亡也因此引发了世人的恐惧。不过，在古代的希腊人看来，死亡并不可怕，因为人死之后仅仅是躯体的消亡，而灵魂则是永存的。从生到死，不过是居住的场所发生了改变。对于在人间生活得困苦艰辛的人们来说，后世的享乐才是他们唯一的精神寄托，积极地活着，不过是在为后世的美好生活修行。

在古希腊神话中，人的躯体一旦死亡，就要进入另一个世界，这个世界由一个叫作哈得斯的冥王来统治。不过，人死之后，他们的亡灵还需要由一位神使带领才能来到冥界的入口，这位神使叫赫尔墨斯。亡灵在赫尔墨斯的引领下来到一处距离地面很深的洞穴口，或者是地缝的旁边，由这里进入冥界。

亡灵要想进入冥界，还需要经过几条冥河，它们分别是悲叹河、守誓河及怨河。那些生前做尽坏事的亡灵会在地狱中服刑，悲叹河的河水就是他们流下的眼泪。过了悲叹河之后就要过守誓河了，相传，如果神灵渡过了守誓河，其神性就会消失得无影无踪。前两条河都渡过之后，亡灵就来到了怨河，也称冥河，这里是人间与冥界的通道。

需要说明的是，这三条河流都是主河流，除此之外，还有一些支流，其功用各有不同，例如为了让亡灵忘却人间往事，就必须渡过忘川河。而要想渡过冥河也是有条件的，亡灵需要出钱支付给在冥河上摆渡的喀戎，假如没有出钱，那么喀戎就会将亡灵投入水中。为了让死者有钱渡过冥河，生者在死者安葬时都会在他们的嘴里放置一枚钱币。

渡过了冥河之后，亡灵会遇见一只叫克尔伯罗斯的看门犬。这是一只长相极为奇怪的狗，它有三个头，尾巴也不是普通的狗尾巴，而是龙尾。克尔伯罗斯背部及头部生长的毛其实是一堆蜷曲的毒蛇，蛇的口中还滴着毒液。总之，克尔伯罗斯相貌凶恶，它是为哈得斯看守亡灵的，以防他们从地狱中逃走。

遇见过克尔伯罗斯之后，亡灵就来到了一个由审判官把关的十字路口，至于亡灵将去向何处，则由审判官根据他们生前所做之事来判定。那些生前积德行善、奉公守法的亡灵会被允许通往福地，也就是极乐世界。至于那些生前虽没有做过什么不法之事，但是却平庸度日的人，他们会被送上通往水仙之地的那条路，这里也是绝大多数亡灵的归宿。剩下的一条路则通往炼狱，被送往炼狱的亡灵都是生前罪大恶极之人。

进入福地的亡灵将会永久地享受欢乐，那里四季如春，到处都是安静祥和的景象，是人们生前所追求的地方。而水仙之地则是一片混沌，那里没有痛苦，也没有欢乐。水仙之地的亡灵最多，他们永远漫无目的地四处游荡。至于炼狱，则是遭受刑罚的亡灵所要居住的地方，在这里，他们将永久地痛苦下去，生前干了何种坏事，死后就要承受相应的刑罚。

为了让亡灵有一个归宿，生者都要为其举办一场葬礼，一旦死者被安葬，就不会变成孤魂野鬼四处飘荡。在古代，希腊人死后，会有人通知其亲属朋友等前来，生者一同为死者准备后事。死者的身体要被清洗干净，待涂抹完香油之后再为其穿上白色的袍子。之后的一天里，死者的遗体会被安放着供生者瞻仰告别。随后，死者的遗体就会在亲朋好友的护送下来到墓地进行安葬。在古希腊地区，安葬的方式并不都是一样的，有人选择火葬，有人则选择土葬，其中，又以火葬的方式最为盛行。伴随死者入土或者被焚烧的还有生者为他们准备的随葬品，以供其在冥界使用。

与普通人不同的是，那些为国家牺牲的士兵的葬礼是非常隆重的。阵亡的士兵遗体绝不会任其横尸荒野，而是会被运回营地，安放在帐篷内。在将他们安葬之前，按照习俗，还要进行游行，以便让死去的战士再看一眼故土。最后，这些战士就会被安葬在统一的公墓里，人们还会为他们立碑纪念。

二三、古希腊时期人们的生活

古希腊时期的人生活简朴而讲究节制，不会整日骄奢淫逸，也不会每日无所事事，他们很看重生活质量，一直过着一种斯文而有内涵的生活。他们认为简朴的生活值得崇尚，因为这样才能让自己的大脑始终处于思考状态，思想才不会干涸，灵感才不会消失，智慧的光芒才能一直存在。

（一）
古希腊的妇女和儿童

在讲求“自由”和“民主”的古希腊地区，实际上并不是所有人都享有这些权利，而是只有男性才能拥有，女性则只不过是男性的附属品。在古希腊，女性仅仅是为各个城邦传宗接代、培养下一代的生育工具。

古希腊的女子在十五岁前都是在自己的家庭中度过的，在这期间她们被禁止外出，并由她们的母亲教授给她们生活的技能和一些文化艺术常识。安分的思想从小就被植入几乎每一个古希腊女子的头脑中，她们的一生要为家庭服务，为自己的丈夫和孩子服务。等到十五岁时，女孩儿就被允许走入婚姻生活了。这里要提到的是，古希腊的男子一般在三十岁之后才娶妻，这是因为在三十岁之前，他们还要经历一个在我们今天看来极为特殊的生活阶段。

在古希腊，成年的男子会和尚处于青春期的少年发生一段爱恋关系，少年的年龄一般在十二岁到十六岁之间，因为这个年龄段的少年是最美的。他们会在成年男子的保护下生活一段时间，成年男子会满足少年的各种物质需要，并负责少年的精神建设。在这期间，如果少年犯了任何错误，都由成年男子替他受罚。

其实，古代的希腊人之所以会有这样的传统，是因为在他们看来，只有男人之间才有真挚的情感，才能进行最高的精神交流，而女人不过是生孩子的工具罢了。这些思想观念从古希腊遗留下来的各种艺术品上就能够看出，女性出现在艺术品上的机会相比男性来说可谓少之又少。

当古希腊的成年男子结束与少年的爱恋之后，他们就会与女人结婚。一般情况下，古希腊的女子会和三十岁至三十五岁之间的男子结婚。结婚的对象由双方的家人进行安排，男子与女子在结婚前是没有见过面的。结婚的前一天，女子要将自己从小就玩耍的玩具献给月神阿尔忒弥斯，这就意味着她们无忧无虑的童年生活就此结束，从此以后就要肩负起照料一个家庭的责任了。随后，女子会在家附近的河中沐浴，以清洁之身走入一个新的家庭。在男女双方的家族都拜祭过神明之后，男子就会乘着马车在当天晚上来到女子的家中迎娶自己的新娘。新娘带着父母为她准备好的嫁妆跟随自己的丈夫回到新家，结婚仪式就举行完毕了。

结婚后的古希腊妇女不仅要生育，还要管理家中的很多事务，比如对奴隶的管理以及照料家人的生活起居。进餐时，她们只能与自己的丈夫坐在一起，而不能与丈夫之外其他任何男性坐在一起。

婚后的妇女在外出方面获得了一定的自由，她们不再被限制于自己的家中，而是可以出去与自己的女性朋友交往。不过，外出的时候必须由男性亲属陪同。相比之下，富裕家庭的妇女更为不自由，她们甚至不能与自己的丈夫同居一室，而贫穷家庭中的女性则相对自由一些，因为她们要为生计奔波。

除了能够与公众一同拜祭神灵之外，古希腊的妇女不被允许参加任何社交活动，甚至连外出看戏都不可以。所以，每年庆祝农神得墨忒尔的时候（地母节）也是古希腊的妇女们最为高兴的日子，因为这是她们一年之中唯一可以参加集体活动的机会。地母节活动也是只允许女性参加的活动。

古希腊女子的地位十分卑微，如果她们在婚后无法生育，就很有可能遭到丈夫的抛弃。或者结婚后女子有不忠于丈夫的行为，她们的丈夫就会提出休妻。然而，假如女方主动想要离婚的话，那是非常困难的，除非理由十足充分，否则就要经过一系列繁琐的程序，而且离婚后女方的嫁妆都要归男方所有。所以一般情况下，结婚后的女性不会主动提出离婚，即便婚姻生活中要遇到各种各样的困难，她们也会坚持下去。

实际上，并不是所有的希腊城邦都对女性有着如此多的限制，斯巴达就是一个对女性极为开明的城邦。与雅典不同，斯巴达人给予了女性几乎与男性同等的权利，她们可以随意外出，可以继承家族财产，甚至可以公开发表自己的意见。在斯巴达，一个已婚的女性也很有可能被丈夫之外的其他男子追求，并为其生下后代，而她的丈夫也会一同养育这个孩子。

在对孩子的教育方面，希腊人是相当重视的。除了斯巴达这个军事化的城邦之外，其他希腊城邦在教育后代的方式上都差不多。无论是男孩还是女孩，七岁之前都生活在自己的家庭中，由母亲对其进行教育。孩子们可以自由玩耍，但是父母却从不对其溺爱。七岁之后，男孩和女孩就要有所区分地进行教育了，而且他们还不能住在一处。女孩要学习如何做家务，男孩则要进入学校读书。

古希腊时期的男孩子在学校里要学习各种各样的知识，包括文学、历史、数学、音乐等，可谓全面发展。不过，在体育锻炼方面，男孩要等到十三岁之后才会进行，他们会学习很多体育技能，以强健体魄。十六岁之后，普通家庭的男孩就要跟随父亲学习谋生的技能，而对于贵族子弟来说却有所不同，因为他们可以继续接受教育，这些孩子的未来也更加明朗，他们会成为社会中的佼佼者。

（二）

古希腊时期人们的饮食和娱乐

关于美食，希腊历史早有记载。公元前330年，世界上第一本关于如何烹饪食物的书就在古希腊地区出现了，可见希腊人对食物的热爱。除了热衷于烹饪美食之外，希腊人最擅长的文娱活动就要数演讲了，古代的希腊人不仅善于演说和辩驳，而且也热衷于聆听他人的演讲。此外，看戏也是希腊人热衷的活动之一。希腊人热爱生活，但是热爱生活并不意味着骄奢淫逸，相反，他们历来生活得十分简朴，哪怕是在重要的场合也仍旧秉承着节俭的美德。

古希腊地区属于地中海气候，那里有充沛的阳光和雨水，十分有助于农作物的生长，又以谷麦、豆类、橄榄和葡萄的种植最为广泛。因此，面包和麦片成为希腊人餐桌上常备的食物。希腊人善于巧妙地利用各种植物来制作香料，在烹饪菜肴的时候，这些香料都会派上用场。希腊人在食肉上主要限于猪肉，他们也吃猎杀的野兔和鹿的肉。此外，橄榄对于希腊人来说是非常重要的，橄榄的用途有很多，可以入药，也可以提炼护肤品，更能提供日常所需的食用油。临海而居的希腊人也常常烹饪鱼类食物，再配以面包、一盘蔬菜和一碗热汤，就称得上是一顿丰盛的大餐了。

在饮品上，因为盛产葡萄，所以希腊人也酷爱饮用葡萄酒，在他们看来，葡萄酒能够开发人类的大脑，启发智慧。希腊人酿制葡萄酒的历史已经非常久远，早在《荷马史诗》中，就有关于葡萄酒的记载。当奥德修斯率领一群部下在归国的途中受到了独眼巨人的威胁时，为了逃脱，奥德修斯就命令属下酿制葡萄酒，并灌醉了独眼巨人，这才得以逃生。

相传，最先酿制葡萄酒的是酒神俄狄尼索斯，后来葡萄酒的酿制在古希腊地区逐渐形成了商业化的规模，甚至为了使葡萄酒的生产与贩卖良好地发展下去，还用法律条文进行了规范。希腊人对葡萄酒的热爱从他们的文化艺术中也可以看出，在很多壁画及器皿上，都可以看到葡萄的身影。需要提到的是，希腊人认为水是不圣洁的，所以除了干渴难耐之外，他们很少喝水，而啤酒在当时的人们看来也是低劣的饮品，只有奴隶才会喝啤酒。

希腊人喜爱食物，可是他们并不沉迷于其中，因为在他们的思想观念里，饮食的最终目的也是为了填饱肚子，好让人们有力气去进行思考和参与其他社会活动，而如果一个人吃得太饱的话，就会让他的思考能力下降。基于这一点，希腊人在对待食物上又十分节制，哪怕是在盛大的宴会上，也见不到人们大吃大喝的举动。

另外，古希腊的宴会是仅限于男人参加的，除了高级妓女可以作为男人的陪同出现在宴会上，其余任何女性都是不得参与的。宴会开始之后，男人们先是进食，为他们准备好的食物有面包、鱼类、肉类、蔬菜及水果等。吃过正餐之后，还会配有饭后甜点，当时的古希腊还没有蔗糖，所以呈上的是一小块用蜂蜜制成的蛋糕。

吃完甜点之后，男人们就开始一边饮酒一边讨论各种事情，例如文学、哲学和社会问题等。能够谈论这些事情，可见男人们在宴会上饮酒也是有节制的，那些嗜酒如命的人常常会遭到人们的耻笑。与此同时，一旁还有奴隶或者演员表演节目，或载歌载舞，或表演杂耍。

在娱乐活动上，希腊人除了热衷于观看戏剧和参与、聆听演讲外，还喜欢诸如能够开发智力的棋类活动。无论是哪一种娱乐活动，希腊人所喜爱的都是斯斯文文的活动。随着罗马人的到来，古希腊地区开始出现了诸如斗鸡这类较为残忍的娱乐活动，希腊人也渐渐地接受了这些娱乐，并且乐在其中。雄鸡是斗鸡场上的主角，雄鸡越是勇猛，其主人在观众的眼中就越有雄风。当两位主人纷纷把自己的雄鸡展示出来的时候，在场的观众们都会热情地对其称赞，之后，主人们会先说一番话，比赛便正式开始了。

二四、在他人统治下的希腊

罗马征服希腊并统治希腊经历了一个漫长的过程，这期间希腊人民为了自由付出了鲜血的沉重代价，而后在罗马的统治下，希腊人与罗马的敌对关系渐渐发生了转变，希腊变得“罗马化”了。但在罗马之后，希腊又被其他帝国统治。在不断的历史发展中，希腊人民在被统治与自我反抗间，摸索出了一条属于自己的道路。

（一）

希腊与罗马的文化融合

被罗马统治后的希腊人，渐渐觉得罗马时代也可以接受，毕竟不用打仗，大家可以过和平安生的日子。在罗马统治的这段和平时期里，希腊文明繁荣发展，出现了文化的复兴。而罗马帝国大多数有来头的文艺作品，也都是产生于希腊。罗马帝国统治下的希腊历史，是更长的文化融合历史中的一小部分。罗马与希腊的关系在这段时期内，可以说是相辅相成的。罗马帝国之所以能够与希腊文化这么融洽，也可以说是早有渊源。

其实，罗马人对希腊文明也很敬重和推崇，早在公元前507年，罗马人建立共和国之前，就已经很了解希腊文明了。在希腊化时代，罗马贵族将希腊语作为教育用语，还会熟读希腊古典文献。罗马的统治阶层对于希腊文明的推崇还表现在他们对于来自希腊的哲学家、医生等十分尊敬，在罗马的都城里到处可见希腊的艺术品。在这段时期，罗马文明与希腊文明相互交融，繁荣发展。

但是王国的兴盛更替总是不可避免，罗马帝国在度过了一段强盛时期之后，同样迎来了危机。一个新的波斯王朝——萨珊王朝逐渐强大起来，频频发动战争攻打罗马，罗马兵力不如萨珊王朝强大，导致了罗马边境的频频失守，损兵折将严重。

从这时起，罗马帝国便开始走上了下坡路。到395年，罗马皇帝狄奥多西一世去世之后，罗马帝国正式分成了两部分——希腊和拉丁。这两部分各自为政，就像两个完全独立的王国一样。

罗马分裂之后，和平的日子没有过几天，希腊和拉丁时不时就会受到外敌入侵的骚扰：401年，西哥特人入侵意大利；405年之后，其他的哥特人也瞅准了机会，纷纷涌入罗马帝国；到了 5 世纪初期，哥特人开始在西罗马帝国定居，并逐渐瓜分了西罗马帝国的地盘。

东罗马帝国的境况也好不到哪里去，腹背受敌，疲于招架外敌的入侵。为了能够过几天安稳日子，东罗马帝国的统治者不得不想出“花钱买平安”的招数，他们支付巨额的赔偿给各路入侵者，希望他们能够看在钱的份上，不要攻打东罗马帝国了，这个方法也的确在一定时期内起到了作用。在东罗马帝国发展的那段时期，罗马人民的生活水平有了进一步的提升，文化也在不断发展。

东罗马帝国是一个讲希腊语的国家，上至国王大臣商讨国家大事，下至百姓日常生活，都会用希腊语交流，包括学校上课时，老师也会用希腊语教学生，可以说，在希腊社会的各个方面，希腊语都无处不在。

希腊文明在东罗马帝国发展时期重新焕发了勃勃生机。虽然罗马帝国还在不断地发展，但毕竟是心有余而力不足了，在 7 世纪初期，罗马帝国表面上看起来仍然很强大，但实际上内部已经非常虚弱了。而周边一些国家的不断壮大，则对罗马造成了巨大的威胁。

阿拉伯帝国的突然崛起成为了罗马帝国的最大威胁。阿拉伯帝国对于罗马帝国的地盘觊觎已久，在对方不断骚扰之下，罗马帝国的军队节节败退，无法抵御阿拉伯帝国的猛烈进攻。战争令罗马帝国民不聊生，雪上加霜的是鼠疫席卷了全国，瘟疫的暴发令罗马的大小城邦逐渐成为废墟，人民为了生存不得不四处迁移，一些城市就此永久地消失了，人民只能躲避在可以安身的村庄里度日。

阿拉伯帝国征服了罗马帝国之后，便开始了对希腊与罗马的统治。在阿拉伯帝国的统治下，希腊文明并没有遭到什么摧残，反而是焕发出了新的生机。随着战争的结束，人民的生活也逐渐安定下来，在阿拉伯帝国的统治下，希腊人民的物质生活水平逐渐提升，农业产量不断提高，人口也出现了增长。原先破败的城邦逐渐恢复了生机，人们开始翻修屋子，兴建城墙，希腊的城市文明再次繁荣起来。

随着城邦的繁荣发展，希腊文明开始缓慢复兴，虽然为数不多的几个城邦仍然由阿拉伯帝国统治着，但希腊大部分地区都实现了自治管理。在希腊南部的一些地区，被组建成了希腊军区。希腊的独立发展令周边一些帝国产生了想要重新征服它的想法，为了对付希腊，他们不停地派兵骚扰希腊的边境城邦。

（二）
希腊的复兴

在被拜占庭帝国统治了一段时间之后，希腊人随着拜占庭帝国的逐渐衰亡而慢慢走向了自立的道路。在 15 世纪的前半期，希腊的一些城邦逐渐展现出了活力，其中的莫里亚王国表现得尤为突出。莫里亚王国是一个行使自治的拜占庭领地，但莫里亚王国不甘心就此被拜占庭统治，一心想着要独立自主，便不断从拉丁公国的手中夺取领土，目标是成为雄霸一方的独立王国。

在莫里亚王国的不断争取下，它逐渐发展到了拜占庭统治末期的文化全盛时期，但好景不长，莫里亚王国不可避免地落入了奥斯曼人的手中，奥斯曼人采取了强硬的手段统治希腊，希腊哪个城邦不服气，他们绝对会大打出手。

到了17世纪，希腊基本上已经被奥斯曼帝国和威尼斯帝国平分了。威尼斯帝国生活着不到五十万的希腊人，占希腊总人口数的五分之一，随着威尼斯帝国的发展，不断吸引了其他希腊人前来定居生活。在1573年，威尼斯帝国建造了一座东正教教堂——圣乔治教堂，更加吸引了希腊人前来聚居生活，在威尼斯帝国生活的希腊人人数急剧上升。

另一方面，在奥斯曼帝国生活着大多数的希腊人，奥斯曼帝国的和平体制给希腊社会统治阶层带来了许多利益，令他们尝到了甜头。但是奥斯曼人对希腊文化却不大感兴趣，甚至还对希腊文化有所抵制。在这样的情形下，许多希腊人便想办法把自己的孩子送出国，送往意大利去学习医生、律师等职业技能。

奥斯曼帝国对希腊文化的抵制，令希腊人不断前往意大利寻求发展，而那段时间，恰好是意大利文艺复兴时期，意大利人对希腊文明十分感兴趣，希腊学者和学术书稿流入意大利，对文艺复兴也起到了一定的推动作用。可以说，在意大利兴起的文艺复兴运动中，希腊文化的涌入起到了一定的贡献。

在大量的文艺复兴作品中可以看到希腊文化的影子，比如拉斐尔的《雅典学院》，就刻画了古典时期和希腊化时期最伟大的那些哲学家；再比如一些文艺作品中，会提到希腊神话中的场景，等等。这些作品都表达了对希腊文化的敬意。

文艺复兴对于希腊来说同样是很重要的，文艺复兴重塑了希腊文化的深度。在希腊文化的传播过程中，威尼斯帝国的统治阶层也开始使用希腊语。然而随着奥斯曼人的征服，令希腊文化的传播受到了一些挫败，但是，随着历史的进程，奥斯曼帝国逐渐由欧洲最强大的国家变成了一个弱小的国家，希腊的未来正在发生着改变。

二五、现代希腊

随着18世纪启蒙运动的展开，希腊人在西方人心目中的地位越来越高，他们认为古希腊文化是西方文明的起源，希腊在现代历史上有了新的发展蓝图。在发展到19世纪的时候，希腊已经成为了欧洲现代化进程中不可分割的一部分，希腊也开始以崭新的面貌登上了国际舞台。

（一）

希腊起义

随着欧洲国际形势的不断变化，希腊的发展也出现了新的转机。奥斯曼帝国为了增强国家实力，开始努力发展自己的经济软实力，不断进行外贸生意。法国一直都是奥斯曼帝国发展的重要商业合作伙伴，但是希腊也一直没有闲着，也和英国、荷兰、俄国等做着外贸生意。在法国大革命爆发之后，由于法国人无暇做生意，希腊人正好取而代之，与欧洲多个国家展开了贸易往来。希腊商人的商船不但取代了法国的商船，还逐步扩大船队的规模，希腊商人也因此赚到了丰厚的利润。

赚到钱之后的希腊将大部分财富投放到了教育上，希望能够重振希腊文明。随着希腊商船船队的扩张，世界各地的人们纷纷移民来到希腊，当然这个利弊是相对的。外面的人来到希腊，在一定程度上给希腊带来了冲击，但也给其带来了更多的新鲜元素。

法国大革命的影响就广泛地波及了希腊各界。希腊人认为自己也应当开始新的发展历程，加入西方文明中去。开始倡导希腊独立的运动越来越多，希腊起义势在必行，希腊人希望能够通过起义将陈旧的政治制度废除。

在国家大形势的影响下，希腊兴起了几波起义活动，但收效甚微，起义队伍往往在刚取得一点胜利的时候，就遭到了更猛烈的反扑，损失惨重。但这并没有让希腊人畏惧，他们起义的决心丝毫没有动摇。

后来希腊起义看似取得了胜利，但其实其中还有不少的问题。在进行独立起义战争的过程中，希腊各个起义领袖之间无法达成共识，他们之间纷争不断，还时不时为了抢地盘要打上一仗。在1832年，希腊至少存在着两个政府，这两个政府都想统治希腊，一直在不停地混战。

在希腊起义期间，欧洲其他国家也是一直密切关注着希腊的动态，欧洲各国纷纷支持希腊的独立运动，这些国家不断给奥斯曼帝国施压，要求奥斯曼帝国归还希腊的独立自主权，当希腊起义运动进行到后期的时候，得到了俄国、法国等国家的实际支持，这些国家派出军队给奥斯曼帝国施加压力，要求奥斯曼政府同意希腊独立。

取得独立的希腊可以说是欧洲各国共同利益外交下的产物。重建新政权的希腊，国家的重建工作是个很大的挑战。为了加快国家发展的步伐，希腊大力发展农业、商业。在希腊独立之后，其海上商船船队得到了积极的发展，希腊重新收回了在地中海贸易中的份额，希腊的商船也成为俄国向欧洲各国和中东地区运送粮食的主要船队。

与此同时，希腊也大力发展教育、医疗等公共事业，加紧城市设施建设。在1834年，雅典因为拥有大量文化资源宝藏和深厚的文化历史底蕴而被选为希腊的首都。

（二）
20 世纪的希腊

希腊的独立，使得国家的一切局势都在好转，但是进入20世纪之后，希腊却迎来了最动荡、变化最大的时期。

随着第一次世界大战的爆发，希腊因为其重要的战略位置，不可避免地被卷入了战争之中，虽然在战争一开始，希腊就声明保持中立，不参与战争，但作为参战国的英、法两国，对于希腊的中立态度很是不满，迫于两国的威慑，希腊最终不得不参战。被卷入战争后的希腊，不但经济上遭受了巨大的损失，也迎来了重大的政治危机。虽然在1918年，第一次世界大战以协约国的胜利而结束，希腊也因此成为了战胜国一方，但是战胜国的标签丝毫没有给希腊带来好运，因为之前接连不断的战争令希腊军队损失惨重，经费紧张，给政治上带来的冲击也是巨大的。

希腊统治者虽然努力稳定本国的政治局势，但因为问题过于棘手，每次都以失败告终。在希腊社会还没能走出阴霾的时候，第二次世界大战的爆发，再度将希腊拉入了深渊。

1940年10月28日，墨索里尼命令意大利军队入侵希腊，希望能够攻占新的地盘，但是因为墨索里尼准备不足，希腊军队打退了进攻的意大利军。但紧接着，德军对希腊进行了第二轮的攻击，面对德军训练有素的攻击，希腊军队很快就难以抵挡，最终，德军攻占了雅典卫城。

希腊国王带着一帮政客不得不逃到了埃及，在那里建立了流亡政府。希特勒吸取了第一次世界大战的教训，他命令德军对占领地区统统洗劫一空，不给占领区反扑的机会，于是希腊便在德军的掠夺下成为了一片废墟。在德军的严密控制下，对希腊封锁救济物资，使得希腊人民饿死无数，而且随着战争的发展，通货膨胀日益严重，希腊人民已经无力应对生活了，全国上下一片狼藉。

两次世界大战令希腊损失惨重，元气大伤。在战后，希腊政府首先要做的便是恢复国民生产和政治统治。不过，在希腊遭遇困境的时候，马歇尔计划的实施对希腊来说可谓是一根救命稻草。在1947年到1957年的十年间，美国的援助提供了希腊国家经济恢复中一大半的开支，令希腊恢复国力的速度大大加快了。

在美国的扶持下，希腊迅速改造了国内的基础设施，农业和商业都有了很大的发展，但是，后面的一系列问题也逐渐显露出来。由于希腊过于依赖美国的援助，使美国可以肆意对希腊政治进行干涉，这给希腊的政治独立造成了很大干扰。

经过几十年的不断发展，到了20世纪下半期，希腊社会经历了最为剧烈的转型，由战后的一片狼藉转变为如今的一派欣欣向荣，希腊也不再是之前那个落后的农业国，而是成为了一个旅游业和轻工业都高度发达的现代化国家。同时，希腊经济的不断增长，也使得希腊和大多数欧盟国家站在了同一条起跑线上。

希腊历史大事年表：

旧石器时代	希腊大地上有居民居住。
公元前 3000 年	克里特岛出现文明迹象。
公元前 2000 年	爱琴文明开始。
公元前 1500 年	迈锡尼文明创建。
公元前 1450 年	克里特文明毁灭。
公元前 12 世纪	特洛伊战争爆发。
公元前 12 世纪末期	迈锡尼文明毁灭。
公元前 12 世纪—公元前 9 世纪	荷马时代。
公元前 1000 年	雅典成为古希腊地区核心城市。
公元前 8 世纪—公元前 6 世纪	希腊诸城邦逐渐形成，大规模的殖民运动展开。
公元前 8 世纪	《荷马史诗》著成。
公元前 776 年	希腊举办第一届奥林匹克运动会。
公元前 594 年	梭伦改革。
公元前 507 年	克利斯提尼改革。
公元前 5 世纪	希腊进入古典时代。
公元前 492 年	希波战争爆发。
公元前 460 年	“医学之父”希克波拉底诞生。
公元前 449 年	希波战争结束，希腊获胜，雅典成为海上霸主。
公元前 443 年	希罗多德著《历史》。
公元前 5 世纪中期	智者派（诡辩派）兴起。
公元前 431 年	伯罗奔尼撒战争爆发。
公元前 425 年	斯巴达陷入困境。

公元前 422 年	安姆菲波利斯激战。
公元前 421 年	雅典与斯巴达缔结《尼西阿斯和约》。
公元前 413 年	雅典军队在西西里全军覆灭。
公元前 411 年	雅典贵族寡头推翻民主政权。
公元前 408 年	雅典海军恢复民主制度。
公元前 405 年	斯巴达全歼雅典海军并围攻雅典。
公元前 404 年	雅典投降，伯罗奔尼撒战争结束。
公元前 401 年	西林尼贫民起义。
公元前 399 年	苏格拉底去世。
公元前 398 年	斯巴达破产公民暴动。
公元前 387 年	雅典将所有小亚细亚地区割让给波斯。
公元前 386 年	柏拉图创办阿卡德米学园。
公元前 379 年	佩洛庇达重建底比斯民主政权。
公元前 371 年	留克特拉大战，底比斯战胜斯巴达成为霸主。
公元前 352 年	马其顿大败希腊。
公元前 338 年	喀罗尼亚大战，希腊战败。
公元前 336 年	亚历山大继位。
公元前 335 年	亚里士多德创办吕克昂学园，创立漫步学派。
公元前 334 年	亚历山大远征波斯。
公元前 333 年	亚历山大大败大流士三世。
公元前 331 年	高加米亚之战，大流士三世被杀。
公元前 330 年	亚历山大灭亡波斯帝国。
公元前 327 年	亚历山大入侵印度河流域。
公元前 325 年	亚历山大从印度撤兵。
公元前 323 年	亚历山大逝世，亚历山大帝国瓦解。
公元前 312 年	塞琉古王国建立。
公元前 307 年	伊壁鸠鲁学派在雅典建立。

公元前 285 年	多瑙河的凯尔特人入侵希腊。
公元前 276 年	安提柯称王，安提柯王朝开始。
公元前 222 年	塞拉西亚战役，斯巴达战败。
公元前 192 年	斯巴达被阿哈伊亚同盟吞并。
公元前 149 年	罗马第四次入侵马其顿。
公元前 148 年	罗马征服马其顿。
公元前 146 年	罗马征服古希腊地区，古希腊历史结束。
330 年	君士坦丁堡兴建。
541 年	鼠疫爆发。
629 年	波斯战败求和。
668 年	君士坦斯二世遇刺。
800 年	查理曼在罗马加冕。
1245 年	里昂公会议。
1261 年	拜占庭帝国恢复。
1389 年	科索沃战役。
1453 年	拜占庭帝国灭亡。
1669 年	干地亚沦陷。
1806 年	希腊的法律制度发布。
1832 年	伦敦会议，签订《君士坦丁堡条约》。
1834 年	雅典被选为国家首都。
1909 年	军队推翻政府。
1922 年	小亚细亚灾难。
1935	君主制度复辟。
1940 年	击退意大利侵略。
1960 年	塞浦路斯取得独立。
1963 年	卡拉曼利斯辞职，帕潘德里欧成立政府。
1973 年	雅典理工大学学生起义。

1980 年	希腊加入北约。
1981 年	希腊加入欧共体。
1993 年	帕潘德里欧领导下的泛希腊社会主义运动重新掌权。
2002 年	欧元代替德拉克马。
2008 年	青年暴乱。
2009 年	希腊经济衰退。